GRUSS aus LEIPZIG

Andreas Martin

Der Leipziger Promenadenring

Eine historische Rundfahrt

Lehmstedt

S. 2: Gesamtansicht der Innenstadt mit dem Promenadenring

www.lehmstedt.de
Umschlag: Mathias Bertram, Berlin
Gestaltung und Satz: Gabine Heinze, TOUMAart Leipzig
Herstellung: Sachsendruck Plauen GmbH

ISBN 978-3-937146-85-0

EINLEITUNG

Zu den stadtbildprägenden Besonderheiten, die Leipzig von vielen anderen deutschen Großstädten unterscheidet, gehört der Promenadenring, der sich wie ein grüner Gürtel um den eigentlichen Kern der Stadt legt. Seine Geschichte ist mit der Geschichte der Stadt in all ihren Facetten aufs engste verbunden.

Nach der Verleihung des Stadtrechts um 1165 durch Markgraf Otto von Meißen begann der planmäßige Ausbau Leipzigs. Das etwa 48 Hektar umfassende Gebiet wurde umwehrt und erhielt Zugang durch befestigte Tore. Um 1220 entstand ein doppelter Mauerring um das Zentrum der Stadt mit drei Zwingburgen. Markgraf Dietrich von Meißen (1162–1221) ließ 1217 die Alte Burg (Unterburg am Hochufer nördlich der Parthe im Bereich der heutigen Lortzingstraße) und die Hauptburg (im Bereich um den heutigen Matthäikirchhof) umbauen und errichtete etwas weiter südlich, auf dem Gelände des heutigen Neuen Rathauses, eine weitere Burg, die zunächst »markgräfliches Schloss«, dann Pleißenburg genannt wurde. Diese Burgen dienten nicht mehr dem Schutz der deutschen Kolonisation des slawischen Landes, sondern waren als Zwingburgen des Markgrafen gegen die Leipziger Bürger gedacht, die sich gegen die markgräfliche Gründung des Thomasklosters in ihrer Stadt wehrten. Nach der Schleifung der Hauptburg im Jahr 1224 durch den Landgrafen von Thüringen, Ludwig IV. (»der Heilige«, 1200–1227), übernahm die Pleißenburg deren Funktion. Die Unterburgen des 10. Jahrhunderts wurden entweder ebenfalls geschleift oder umgenutzt. Auf dem Gelände der Hauptburg entstand das Franziskanerkloster, aus den Resten der Unterburg an der Grimmaischen Landstraße das Dominikanerkloster. Die im Laufe des Mittelalters, zuletzt um 1550 unter der Leitung von Hieronymus Lotter immer weiter ausgebaute Stadtbefestigung konnte nur durch vier Tore – das Grimmaische, das Hallische, das Ranstädter und das Peterstor – sowie einige nur für Fußgänger benutzbare Pforten verlassen werden.

Im Laufe des 17. Jahrhunderts erwies sich die militärische Bedeutungslosigkeit der Stadtmauern mit ihren vorgelagerten Wassergräben und massiv ausgebauten Bastionen (deren letztes, heute noch erhaltenes Zeugnis die Moritzbastei darstellt). Daher begann man um 1700 damit, die Gräben, deren stagnierendes Wasser der Herd zahlreicher Krankheiten war, auszufüllen und sie nach und nach in Alleen und Grünanlagen zu verwandeln. Der in seiner Gesamtheit knapp sieben Kilometer lange Straßenring erhielt besonders unter Leitung des Stadtbaudirektors Johann Carl Friedrich Dauthe im letzten Drittel des 18. Jahrhunderts auf Anregung des damaligen Bürgermeisters Carl Wilhelm Müller gärtnerisch gestaltete Anlagen (darunter den bis heute bestehenden Schwanenteich), die die Innenstadt nahezu vollständig umgaben.

Nach dem Siebenjährigen Krieg (1756–1763) begann man auch mit dem Abriss der Stadtmauern und Wälle sowie mit der zivilen Umnutzung der Bastionen – auf der Ranstädter Bastei wurde ein Komödienhaus, das spätere Alte Theater, errichtet, die Moritzbastei diente zum Fundament der Ersten Bürgerschule. Bis zur Mitte des 19. Jahrhunderts wurden alle Befestigungsanlagen Leipzigs (außer der Pleißenburg) geschleift. Erst jetzt erhielten die Straßen der Innenstadt, die bisher an der Stadtmauer endeten, einen Durchbruch zum Ring und damit eine Anbindung an die entstehende Großstadt.

In den Jahren von 1904 bis 1912 wurde der gesamte Promenadenring schließlich zu einem Verkehrsring ausgebaut, der bis zu den Zerstörungen des Zweiten Weltkrieges bestand und in deutlich veränderter Gestalt bis heute das Stadtbild prägt. Heute als vier- bis sechsspurige Straße mit durchgehendem Straßenbahngleiskörper angelegt, besteht der Ring aus mehreren Abschnitten. Vom Augustusplatz (zeitweilig Karl-Marx-Platz) führen die Goethestraße und parallel dazu der Georgiring (ehemals Bahnhofstraße) zum Willy-Brandt-Platz (ehemals Blücherplatz) vor dem Hauptbahnhof. Von dort gelangt man durch die Richard-Wagner-Straße (ehemals Parkstraße und Theatergasse) und auf dem Tröndlinring (ehemals Löhrsplatz) zum Goerdelerring (ehemals Schulplatz, Theaterplatz und Fleischerplatz). Weiter geht es durch die Töpferstraße und auf dem Dittrichring (ehemals Thomasring) über den Martin-Luther-Ring (ehemals Rathausring) zum Wilhelm-Leuschner-Platz (ehemals Königsplatz). Der Roßplatz (der schon immer so hieß) schließt sich an, entweder auf ihm oder durch die Schillerstraße gelangt man endlich wieder zum Augustusplatz zurück.

Dieses Buch erzählt die Geschichte der Straßen und Plätze, der großen und der kleineren Häuser auf beiden Seiten des Promenadenrings. Viele Bauten sind den Bomben des Zweiten Weltkriegs zu Opfer gefallen, manche Straßenzüge und Plätze sind verschwunden, andere haben durch die Neubauten der Nachkriegszeit ein völlig neues Gesicht erhalten, so dass man sich manchmal nur noch mit Mühe (und mit Hilfe historischer Stadtpläne) zurechtfinden kann. Das Bildmaterial entstammt der umfangreichen Sammlung historischer Ansichtskarten des Autors. Eine Erweiterung um anderes Bildmaterial – seien es Gemälde, Stiche, Lithographien oder Fotografien oder weitere Ansichtskarten aus anderen Sammlungen, seien es Vergleichsfotos vom heutigen Zustand – hätte den Rahmen gesprengt. Von vielen Gebäuden, Plätzen oder Straßenzügen existiert eine große Anzahl von historischen Ansichtskarten – für dieses Buch wurde daraus eine strenge Auswahl getroffen, die inhaltliche Doppelungen zu vermeiden und zugleich, wo möglich, ästhetischen Ansprüchen zu genügen sucht.

Haupt Bahnhof
Blücher Platz
Börse
Georgiring
Richard Wagner Platz
Altes Theater
Brühl
Nikolai Str.
Böttcherg.
Salz g.
Markt
Grimmaische Str.
Thomaskirchhof
Thomas Kirche
Augustus Platz
Neues Theater
Hauptpostamt
Universität
Museum
Schwanenteich
Rofs Platz
Königs Platz
Markthalle
Neues Rathaus
Dittrich-Ring
Promenaden Str.
Fleischer Platz
Zentral Str.
Gottsched Str.
Schiller Str.
Peters Str.
Neumarkt
Universitäts Str.
Goethe Str.
Grimmaischer Steinweg
Johannis Platz
Johannis Kirche
Dörrien Str.
Gellert Str.
Karl Str.
F. A. Brockhaus
Salomon Str.
Seeburg Str.
Sternwarten Str.
Nürnberger Str.
Windmühlen Str.
Brüder Str.
Rathausring
Wächter Str.
Harkort Str.
West Str.
Gerber Str.
Humboldt Str.
Keil Str.
Synagoge
Packhof Str.
Eberhard Str.
Löhr Str.
Pfaffendorfer Str.
Nord Str.
Wintergarten Str.
Krystall Palast
Hospital Str.
Tal Str.
König Str.
Lange Str.
Querstr.

1 AUGUSTUSPLATZ

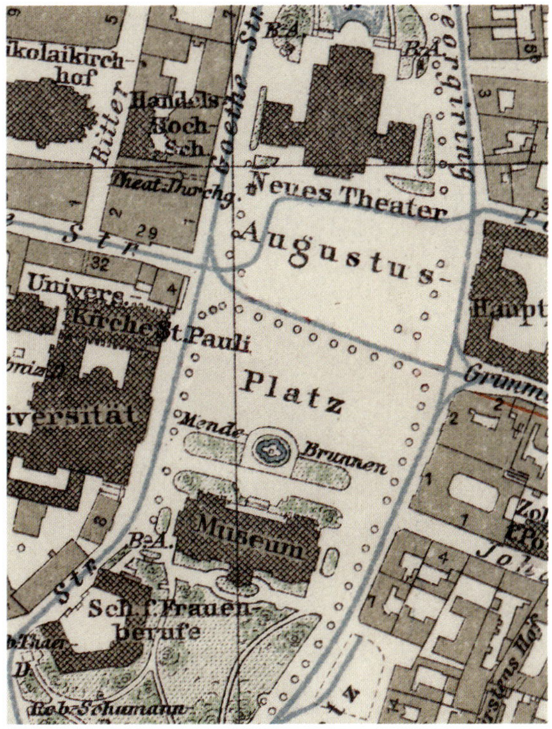

Der Augustusplatz, heute mit fast genau vier Hektar (40 210 Quadratmetern) einer der größten Plätze innerhalb einer deutschen Stadt, zählte vor dem Zweiten Weltkrieg mit seinen architektonisch hochwertigen Gebäuden – dem Augusteum, der Hauptpost, dem Museum der bildenden Künste und dem Neuen Theater – zu den schönsten Plätzen Deutschlands. Doch das war nicht immer so. Bis zum 15. Jahrhundert befanden sich auf der Feldseite vor dem Grimmaischen Tor jede Menge »Lachen« (Pfützen) von beträchtlicher Größe. Die von und nach der Stadt strebenden Wagen mussten ihren Weg ständig neu suchen. Im ausgehenden Mittelalter rückten die ländlichen »Vorwerke« mit Ställen, Scheunen und Gärten so dicht an Stadtmauer und Stadtgraben heran, dass kaum eine schmale Gasse blieb.

Im Schmalkaldischen Krieg wurde 1547 die östliche Vorstadt in der Nähe des Grimmaischen Tores abgebrannt, um im Vorfeld der Befestigungsanlagen ein freies Schussfeld für die Verteidiger der Stadt zu schaffen. Als im späten 16. Jahrhundert der Wiederaufbau der Ostvorstadt erfolgte, bewahrte man den weiten Abstand zur Stadtmauer.

In den Jahren 1785–1794 erfolgte durch den Leipziger Architekten und Baudirektor Johann Carl Friedrich Dauthe (1746–1816) die Planierung des Geländes und die Anlage des riesigen Platzes, dessen Ostseite allein 302 Meter maß. Im Laufe des 19. Jahrhunderts erhielt der Platz dann durch die Bebauung seiner Ränder seine eigentliche Fassung.

Einen Namen besaß der Platz lange Zeit nicht. Jahrhundertelang hatte man sich mit Hilfsbezeichnungen beholfen wie der, die aus dem Jahr 1489 überliefert ist: »auf dem Graben gegen Sanct Paul über an der Pfützen gelegen«. Erst 1837 erhielt der Platz offiziell den Namen »Platz vor dem Grimmaischen Thor«, doch schon 1839 erfolgte die Umbenennung in »Augustusplatz«. Namensgeber war der sächsische König Friedrich August I. (1750–1827), der letzte Kurfürst und seit 1806 erste König von Sachsen. Im Zuge zahlreicher Straßenumbenennungen, die einerseits Umbenennungen aus der Zeit der NS-Diktatur rückgängig machten und mit denen andererseits Persönlichkeiten der Arbeiterbewegung und des Widerstandes gegen die NS-Herrschaft geehrt wurden, erhielt der Augustusplatz am 1. August 1945 mit sofortiger Wirkung den Namen »Karl-Marx-Platz«. Da der Platz im Rahmen der Friedlichen Revolution vom Herbst 1989 eine zentrale Rolle gespielt hatte, gab es nach der Wende Bestrebungen, ihn in »Platz der friedlichen Revolution« umzubenennen. Allerdings stimmte die übergroße Mehrheit der Leipziger dafür, den Platz ab dem 3. Oktober 1990, dem Tag der Wiederherstellung des Freistaates Sachsen, wieder in Augustusplatz zurückzubenennen.

Die Gebäude am Augustusplatz hatten folgende Hausnummern:

Nr. 1, Eckhaus an der Johannisgasse: Bankhaus Becker
Nr. 2, Eckhaus am Grimmaischen Steinweg: Teubners Haus, dann Geschäftshaus Flinsch
Eckhaus am Grimmaischen Steinweg: Hauptpost (Grimmaischer Steinweg 1), vorher »Zum weißen Schwan«.
Nr. 3: Neues Theater
Nr. 4, an der Grimmaischen Straße: Café Français / Kaffeehaus Felsche
Nr. 5: Augusteum und Universitätskirche St. Pauli
Nr. 6: Städtisches Museum / Museum der bildenden Künste
Nr. 7: Europahaus, zuvor »Weinnäpfchen«
Nr. 8, Eckhaus an der Johannisgasse: Niederländisches Haus

Nach dem Krieg wurden zum größten Teil neue Nummern in neuer Reihenfolge vergeben: Die Hausnummern 1–4 wurden dem Neubau der Hauptpost zugeteilt, die Nummern 5–6 gingen an das Hotel „deutschland" (heute Hotel Radisson Blu). Das Europahaus hat unverändert die Nummer 7. Die Hausnummer 8 erhielt das Gewandhaus. Das City-Hochhochhaus mit dem mdr-Kubus trägt die Nummer Augustusplatz 9, das neue Hauptgebäude der Universität und das Paulinum (Aula und Universitätskirche St. Pauli) haben die Nummern 10–11. Das an die Stelle des Kaffeehauses Felsche getretene Bürohaus mit dem Restaurant Vapiano hat die Nummer 11a, und die Oper Leipzig ist unter Augustusplatz 12 zu finden.

Augustusplatz,
Blick nach Norden, um 1935

Die Luftaufnahme erfasst die Gesamtanlage des Platzes zwischen dem Museum und dem Europahaus (unten) und dem Neuen Theater sowie dem dahinter sichtbaren Hauptbahnhof (oben). Links neben dem Museum ist am unteren Bildrand das Dach der Städtischen Schule für Frauenberufe (auf der Moritzbastei) zu sehen, darüber das Hauptgebäude der Universität (Augusteum) und die Paulinerkirche. Entlang der Goethestraße erkennt man das Kaufhaus Bamberger & Hertz sowie das Bankhaus Kroch (Hochhaus). Rechts neben dem Neuen Theater führt der Georgiring zum Hauptbahnhof.

Augustusplatz,
Blick nach Süden, um 1935

Der Blick in entgegengesetzter Richtung zeigt die geschlossene Fassade zwischen dem Königlichen Palais (Fassade Häuserfront am Bildrand) an der Goethestraße bis zur Städtischen Schule für Frauenberufe (Moritzbastei) am Beginn der Schillerstraße, die von den Türmen des Kroch-Hochhauses und der Universitätskirche St. Pauli dominiert wird. In der unteren Bildmitte ist das Neue Theater von hinten zu sehen, dahinter der Schwanenteich, ihm gegenüber das Museum mit dem davorstehenden Mendebrunnen. Gut zu erkennen ist auch ein Teil der Innenstadt, darunter am rechten Bildrand das Schiff der Nikolaikirche.

Augustusplatz,
Blick nach Westen, um 1935

Das Bild demonstriert sehr schön die jahrhundertealte Verkehrsverbindung zwischen der Leipziger Innenstadt und ihrem östlichen Umland. Der Grimmaische Steinweg am unteren Bildrand führt über die Mittelfahrbahn auf dem Augustusplatz weiter als Grimmaische Straße in das Zentrum zum Marktplatz mit dem Alten Rathaus (oberhalb des Bildrands). Während man an der Schillerstraße und an der Goethestraße die prächtigen Bauten von ihrer Vorderseite sieht, blickt man am unteren Bildrand, rechts vom Grimmaischen Steinweg, in den Innenhof der Hauptpost. Die Straße rechts vom Postamt ist die Poststraße. Auf der anderen Seite des Grimmaischen Steinwegs stehen die beiden Geschäftshäuser der Papierhandlung Flinsch und des Bankhauses Becker, links gefolgt von der Johannisgasse und dem Niederländischen Haus.

Augustusplatz,
Blick nach Osten, um 1935

Über das Dach des Neuen Theaters hinweg blickt man auf das Hauptpostgebäude zwischen Poststraße und Grimmaischem Steinweg. Rechts davon stehen die beiden Geschäftshäuser Flinsch und Becker. Dazwischen verlaufen die Gleise der Großen Leipziger Straßenbahn. Auf der anderen Seite der Post führen die Gleise der Leipziger Elektrischen Straßenbahn aus der Poststraße kommend direkt vor das Theater. Weiter nach links auf dem Georgiring erkennen wir die Häuser mit den Hausnummern 1 bis 3. Am linken Bildrand sehen wir einen kleinen Torbogen, der den Eingang zu Teubners Hof überwölbt.

Tribünen vor dem Museum, 1909

Der Augustusplatz wurde wegen seiner Größe und zentralen Lage sehr häufig als Ort von Festumzügen, Demonstrationen und anderen Großveranstaltungen genutzt. Hier sehen wir zunächst »Leipzig im Festschmuck« im Jahr 1909. Vor dem Museum der bildenden Künste sind die Königsloge in der Mitte und zwei Tribünen für die Ehrengäste zur Feier des 500jährigen Jubiläums der Leipziger Universität aufgebaut.

Festakt zur Weihe des Völkerschlachtdenkmals, 1913

Die Karte gibt einen kleinen Eindruck von den pompösen Feierlichkeiten am Tag der Einweihung des Völkerschlachtdenkmals am 18. Oktober 1913: Der große Fürstenzug kommt vom Hauptbahnhof durch die Goethestraße und biegt soeben auf den Augustusplatz ein. Der Weg führt dann weiter durch den Grimmaischen Steinweg und die Hospitalstraße (heute Prager Straße) zur Festwiese am Völkerschlachtdenkmal. Zwischen den soeben errichteten Neubauten von Bamberger & Hertz (1911–1913) und der Dresdner Bank (1910–1911) ist noch ein kleines schmales Haus, die Theaterpassage, zu sehen – hier wird gut zehn Jahre später das Kroch-Hochhaus (1927–1928) entstehen.

Budenmesse auf dem Augustusplatz, um 1910

Zur Zeit der Messe war der Augustusplatz fast vollständig mit Verkaufsständen belegt. Erst mit dem Beschluss von 1920, auf dem Gelände zwischen Deutschem Platz und Völkerschlachtdenkmal künftig »Technische Messen« durchzuführen, entspannte sich der Ausstellungsbedarf in der Innenstadt. Mit dem Ende der »Budenmesse« endete eine jahrhundertealte Tradition, die viel zum besonderen Flair der Messestadt Leipzig beigetragen hatte.

Friedensdemonstration auf dem Karl-Marx-Platz, 1. Mai 1946

Im Zweiten Weltkrieg wurden fast alle Gebäude des Augustusplatzes schwer getroffen oder sogar vollständig vernichtet. Die Trümmermassen der gesamten Innenstadt wurden auf dem Augustusplatz zu einer riesigen Halde aufgeschichtet, die dann bis April 1946 mithilfe einer Schmalspurbahn (Trümmerbahn) abtransportiert wurde. Am 1. Mai 1946 fand auf dem komplett beräumten Augustusplatz die erste Maifeier nach Kriegsende statt. Vor dem völlig ausgebrannten Neuen Theater wurde ein großflächiges Transparent angebracht. Die Menschen standen zwischen den Ruinen der Hauptpost, des Museums, des Augusteums und des ausgebrannten Kaufhauses Bamberger & Hertz (im Bild links).

Augusteum, 1915

Das Augusteum, das Hauptgebäude der 1409 gegründeten Leipziger Universität, wurde 1830–1836 von Albert Geutebrück errichtet. Aus den bisherigen, in einem armseligen Zustand befindlichen Schlafgebäuden des ehemaligen Klosters entstand ein Universitätsgebäude von Weltruf. 1891–1897 wurde das Gebäude von Arwed Roßbach komplett umgebaut. Dabei erhielt es durch den Abbruch des Paulinums einen Süd- (1895), Mittel- und Westflügel (1896). Diese Gebäudeteile erhielten die Namen Johanneum, Albertinum und Paulinum. Mit der neugestalteten Fassade setzte Roßbach einen eindrucksvollen Akzent im Erscheinungsbild des Augustusplatzes. Die drei Fahnen, die auf dem Bild zu sehen sind, repräsentieren das Deutsche Reich (Mitte), die Stadt Leipzig (links, blau-gelb) und das Land Sachsen (rechts, grün-weiß).

Paulinerhof hinter dem Augusteum, 1901

Hinter dem Augusteum im Universitätshof (auch Paulinerhof genannt), angrenzend an die Paulinerkirche, befanden sich weitere Universitätsgebäude. Auf dem Bild zu sehen ist das Borneranium, benannt nach dem Rektor der Reformationszeit, Casper Borner. Das ursprüngliche Borneranium war 1846–1849 von Albert Geutebrück durch den hier zu sehenden Neubau ersetzt worden. Darin befanden sich das Philologische Institut sowie mehrere Seminare, im Obergeschoss beherbergte es die Bibliothek. Im Zweiten Weltkrieg völlig ausgebrannt, wurde die stehengebliebene Fassade nach Kriegsende umgelegt und entfernt.

Paulinerkirche, um 1890

Die 1231–1240 erbaute Kirche des Dominikanerklosters wurde 1485–1521 zu einer spätgotischen Hallenkirche umgebaut. Nach dem Abschluss der Bauarbeiten am Augusteum begann Albert Geutebrück auch mit dem Umbau der Paulinerkirche. 1836–1838 schuf er an dem bis dahin völlig schmucklosen und nach außen fensterlosen Bau eine klassizistische Chorfassade, die mit der Fassade des Augusteums wunderbar harmonierte und dem entstehenden Augustusplatz erstmals ein Gesicht verlieh.

Paulinerkirche, 1901

Sechs Jahrzehnte nach Geutebrücks Umbau schien die schlichte klassizistische Front von Augusteum und Paulinerkirche nicht mehr den Anforderungen der modernen Zeit zu genügen. Unter Arwed Roßbach erhielten beide Gebäude eine prunkvolle Neugestaltung. Die Paulinerkirche wurde 1897–1898 außen und innen mit großem Kostenaufwand umgebaut. Erfolgte der Umbau des Universitätsgebäudes im Stil der Neorenaissance, so gestaltete Roßbach die Kirchenfassade im Stil der Neogotik.

Innenansicht der Paulinerkirche, 1903

Neben wertvollen Gemälden beherbergte die Paulinerkirche hervorragende Holzschnitzarbeiten und Steinepitaphe, darunter im Chor der Kirche das Epitaph des Rektors Caspar Borner, das 1548 von Paul Speck geschaffen wurde. Für die Gebeine des der Sage nach im Jahr 1307 in der Thomaskirche ermordeten Markgrafen Diezmann von Meißen wurde 1841 unter der Leitung von Albert Geutebrück ein Denkmal errichtet. Obwohl sie den Weltkrieg fast unbeschadet überstanden hatte, wurde die Paulinerkirche am 30. Mai 1968 gesprengt, um Platz zu machen für den Neubau der Karl-Marx-Universität. Gegenwärtig entsteht nach Entwürfen des niederländischen Architekten Erick van Egeraat ein Neubau der Kirche.

Karl-Marx-Universität, um 1975

Nach dem Abriss des Augusteums und der Paulinerkirche begannen 1968 die Bauarbeiten am neuen Universitätskomplex. Bis 1975 entstanden das Universitätshochhaus (im Volksmund »Weisheitszahn« genannt) und zahlreiche Funktionsgebäude (Rektorat, Hörsaal- und Seminargebäude, Mensa). Mitte der 1990er Jahre wurde das Hochhaus an eine private Immobilienfirma verkauft und bietet heute als »City-Hochhaus« verschiedenen Firmen attraktive Geschäftsräume. 2009 konnten Mensa, Seminar- und Hörsaalgebäude in neu- bzw. umgebauter Form übergeben werden. Wann jedoch der Neubau des Hauptgebäudes der Universität am Augustusplatz (nach dem Entwurf von Erick van Egeraat) abgeschlossen sein wird, steht noch in den Sternen.

Grimmaisches Tor am Ende des 18. Jahrhunderts, Karte 1898

Am Ausgang der Grimmaischen Straße entstand 1498–1501 das Grimmaische Tor, das jedoch erst 1577 vollständig fertiggestellt werden konnte. Als mächtiges Doppeltor stand es bis 1831. Die innere Seite wurde durch den sogenannten Schuldturm verstärkt. Nach dem Abbruch erwarb der Thüringer Zuckerbäcker Wilhelm Felsche das Gelände und erbaute das nach ihm benannte, weithin bekannte Kaffeehaus. Der »Grimmaische Torplatz«, wie das Areal bis 1839 genannt wurde, hatte nach 1780 durch den Stadtbaumeister Johann Carl Friedrich Dauthe eine Einfassung mit Pappeln erhalten. Von links nach rechts zu sehen sind die Türme der Paulinerkirche, der Thomaskirche, des Schuldturms und der Nikolaikirche. Noch weisen die meisten Häuser an der Stadtmauer ihre Rückseite zum Platz, doch es gibt schon erste Gebäude, die ihre Fenster nach Osten öffnen.

»Centralstation« auf dem Augustusplatz, 1911

An der »Centralstation« begann der Straßenbahnverkehr zunächst als Ringlinie der Pferde-(Eisen-)bahn seit dem 16. Mai 1872. Erst etwas später folgte die Eroberung der einzelnen Vororte. Heute ist die »Centralstation« nur noch eine Haltestelle vieler Durchgangslinien. Ein Schaffner wartet vor dem Beiwagen Nummer 187 auf den letzten Fahrgast, dann wird sich der Wagenzug als Linie P der Großen Leipziger Straßenbahn auf die Reise nach Lindenau in die Lützner Straße begeben. Im Hintergrund ist ein Wagenzug mit einem vierfenstrigen Triebwagen vom Typ 11 (1897 in Breslau hergestellt) in der Goethestraße unterwegs. Auch 1911, so belegt die Ansichtskarte, spielten Pferdedroschken noch eine entscheidende Rolle im Straßenverkehr.

Kaffeehaus Felsche, um 1930

Am Augustusplatz 4 befand sich neben der Paulinerkirche, an der Ecke zur Grimmaischen Straße, das Café Français, das älteste und berühmteste Lokal dieser Art in Leipzig. Nach dem Abbruch des Grimmaischen Tores und des Schuldturms im Jahr 1831 wurde das Gebäude 1835 im Stil des Klassizismus als Stammhaus mit Verkaufslokal der Schokoladenfirma Felsche erbaut, die bis 1873 im Kellergeschoss auch produzierte, bevor die Produktion nach Gohlis in die Menckestraße verlegt wurde. Aus nationalistischen Gründen wurde das in ganz Deutschland bekannte Café Français mit Ausbruch des Ersten Weltkriegs 1914 in Kaffeehaus Felsche umbenannt.

Terrasse des Café Français, um 1910

Von der Terrasse wie vom Balkon des Cafés hatte man einen wunderbaren Ausblick auf den belebten Augustusplatz (hier mit Blick zum Neuen Theater). 1925 fiel das Gebäude einem Brand zum Opfer. Endgültig zerstört wurde es beim englischen Bombenangriff auf Leipzig am 4. Dezember 1943. Nachdem die Fläche jahrzehntelang brach gelegen hatte bzw. Bestandteil der enorm verbreiterten Grimmaischen Straße geworden war, wurde hier im Jahr 2009 ein Neubau errichtet, der als Bürogebäude fungiert und auch ein italienisches Restaurant einer weltweit tätigen Kette beherbergt.

Augustusplatz mit Neuem Theater, 1905

Zu Beginn des 20. Jahrhunderts war der Augustusplatz auf der Seite der Goethestraße noch mit kleinen Gebäuden bebaut, doch dies sollte sich sehr schnell ändern. 1868 wurde auf der Nordseite des Augustusplatzes das nach Plänen von Carl Ferdinand Langhans erbaute Neue Theater eröffnet. Der spätklassizistische Bau entstand als letztes der großen Repräsentationsgebäude am Augustusplatz und bestand aus einem stattlichen, 94 Meter langen und 50 Meter breiten Mittelbau sowie zwei Flügeln. Das Theater bot 1700 Sitz- und 300 Stehplätze auf vier Rängen. Während das nunmehr Alte Theater fortan als Schauspielhaus diente, fungierte das Neue Theater als Opernhaus. Am 4. Dezember 1943 wurde das Haus schwer zerstört, lediglich die Außenmauern blieben erhalten.

Straßenbahnverkehr vor dem Neuen Theater, um 1910

Links im Bild sehen wir zwei Wagenzüge der Großen Leipziger Straßenbahn, die Linie M in Richtung Schillerstraße zur Weiterfahrt nach Connewitz und in der Gegenrichtung die Linie F auf der Fahrt zum Hauptbahnhof und weiter nach Lindenau. Rechts im Bild ist ein Triebwagen der Leipziger Elektrischen Straßenbahn auf der Fahrt zum Theatereingang und weiter in Richtung Poststraße nach Paunsdorf oder Stötteritz. Die beiden konkurrierenden Straßenbahnunternehmen mussten bis auf wenige Ausnahmen auf getrennten Gleisen fahren.

Opernhaus am Karl-Marx-Platz, 1960

Bereits im Juli 1945 begannen die Leipziger Bühnen wieder zu spielen. Da sämtliche Spielstätten der Innenstadt kriegszerstört waren, mussten sie provisorische Räume nutzen. Die Oper fand Asyl im Varieté »Drei Linden« in Lindenau. Nach Entwürfen von Kunz Nierade entstand 1959–1960 der erste Opernhaus-Neubau der DDR als monolithischer Bau mit Stahlbetonkonstruktion, die Außenwände wurden mit sächsischem Sandstein verkleidet. Der 31 Meter lange und 28 Meter breite Zuschauerraum besaß ursprünglich 1682 Sitzplätze; nach der Modernisierung im Jahr 2007 gibt es noch 1500 Plätze. Im Vordergrund sehen wir einen 1956/57 zum Typ 24c umgebauten Außenbahntriebwagen der Leipziger Außenbahn AG gekoppelt mit einem Niederflurhänger.

Innenansicht des Opernhauses, 1961

Die Ansichtskarte ermöglicht einen Blick in die großzügig angelegte Garderobenhalle des neuen Opernhauses am Karl-Marx-Platz kurz nach der Einweihung. Der Fußboden ist mit schwarzem Diabas belegt, die Säulen sind mit Riemchen aus Meissener Porzellan belegt. Die Holzverkleidungen und die Pfeiler im Parkettfoyer sind in Schweizer Birnbaum ausgeführt.

Hauptpost am Augustusplatz, 1911

An der östlichen Begrenzung des Augustusplatzes befand sich ursprünglich der »Weiße Schwan«, ein aus dem 17. Jahrhundert stammender Gasthof, der 1836–1838 durch das von Albert Geutebrück errichtete Gebäude der Hauptpost ersetzt wurde, einen relativ schlichten klassizistischen Bau, der 1881–1884 im Stil der repräsentativen Neorenaissance umgebaut wurde. Im Hintergrund ist der Grimmaische Steinweg bis hin zum Johannisplatz zu sehen. Links neben der Hauptpost befindet sich das Hotel Royal am Georgiring. Im Vordergrund sind zwei Triebwagen vom Typ 10 der Großen Leipziger Straßenbahn in der Kurve zur Goethestraße zu sehen. Stadtauswärts (im Bild rechts) ist die Linie K von Kleinzschocher nach Sellerhausen unterwegs, in der Gegenrichtung kommt die Linie F vom Südfriedhof auf ihrer Fahrt zur Karl-Heine-Straße in Lindenau.

Seitenflügel der Hauptpost, 1952

Während das am Augustusplatz liegende Hauptgebäude der Post am 4. Dezember 1943 total zerstört wurde, konnten der Seitenflügel am Grimmaischen Steinweg und die hinteren Gebäudeteile an der Querstraße schon bald nach Kriegsende repariert und weiterbenutzt werden. Bis zum Beginn des Neubaus der Hauptpost im Jahr 1961 bot sich dem Betrachter diese Ansicht vom Standort des (ebenfalls kriegszerstörten) Museums.

Neubau der Hauptpost, 1966

1961–1964 wurde auf dem Gelände der Hauptpost ein siebengeschossiger Baukörper mit Aluminium-Vorhangfassade errichtet. Besonders attraktiv wurde die Eingangs- und Schalterhalle gestaltet. Heute gilt der Bau als ein Musterbeispiel der DDR-Architektur, die Fassade steht unter Denkmalschutz. Im Jahr 2005 verkaufte die Deutsche Post AG das Gebäude an eine Immobilienfirma, die den Umbau zu einem Hotel plant. Auf der Mittelfahrbahn der Ansichtskarte sehen wir einen Dreiwagenzug, bestehend aus Niederflurwagen. Die Große Leipziger Straßenbahn beschaffte 1930 solche Niederflurwagen und setzte sie auf ihren längeren Strecken ein. Die meisten wurden 1967–1972 verschrottet, doch Wagen 1043 fährt noch heute – meist als Linie 29E – auf Leipzigs Straßen als Sonderfahrt.

Innenansichten der Hauptpost, 1965

Die anlässlich der Leipziger Jubiläumsmesse erschienene Mehrbildkarte zeigt zwei Ansichten der großzügig gestalteten Schalterhalle links vom Haupteingang. In ihr befanden sich mehrere Postschalter mit den damaligen Dienstleistungen: Briefverkehr, Geldverkehr, Telegramme, Postwertzeichenverkauf usw. Von der Schalterhalle links gelangte man in eine weniger komfortabel gestaltete Halle, in der der Paketversand stattfand. Auf dem zweiten Bild sehen wir eine geschwungene Treppe mitten in der Halle. Sie führt in das Zwischengeschoss, in dem sich weitere Diensträume befanden.

Grimmaischer Steinweg, 1915

Links vom Grimmaischen Steinweg ist das Gebäude der Kaiserlichen Hauptpost zu sehen, rechts davon das Geschäftshaus der Gebrüder Flinsch und daneben ein repräsentatives Palais, das sich die Bankiersbrüder Becker 1886–1887 errichteten. Auf der Mittelfahrbahn des Augustusplatzes befinden sich rechts die Gleisanlagen der »Centralstation« der Großen Leipziger Straßenbahn. Die vielen Weichen waren notwendig, um die Pferde an den Straßenbahnwagen umzuspannen. Der im Bild sichtbare Triebwagen rangiert vermutlich als Linie R in »seiner Endstelle« vom linken Gleis auf das rechte, um anschließend zurück in Richtung Anger Crottendorf zu fahren. Die Fahrt führt über den Johannisplatz, in der Bildmitte im Hintergrund ist der Turm der Johanniskirche zu sehen.

Teubnersches Haus vor 1874, Karte 1898

Um 1830, mit der einsetzenden Expansion der Stadt in Richtung Osten, wurde mit der Bebauung der Grundstücke auf der Ostseite des Grimmaischen Torplatzes begonnen. Wohlhabende Bürger errichteten hier ihre Villen. Den ersten repräsentativen Neubau am späteren Augustusplatz errichtete 1821 der Buchdrucker und Verleger Benedictus Gotthelf Teubner (1784–1856). Das Teubnersche Haus (Augustusplatz 2) diente bis 1865 als Firmensitz, dann errichtete Teubner ein wesentlich größeres Gebäude auf der anderen Seite der Hauptpost an der Poststraße. Das alte Haus wurde 1874 abgebrochen. An seiner Stelle entstand 1880 das Geschäftshaus der Papierhandlung von Ferdinand Flinsch. Links blickt man in den Grimmaischen Steinweg zur Johanniskirche. Im Vordergrund sind die Schienen der Pferdestraßenbahn zu sehen.

Beckersches Haus um 1880, Karte 1899

Rechts neben dem Teubnerschen Haus stand das Beckersche Haus (Augustusplatz 1) an der Johannisgasse, eine Villa, die der Leipziger Bankier Wilhelm Becker im Jahr 1840 für sich errichten ließ. Obwohl der schnelle Wirtschaftsaufstieg der Gründerjahre nach 1874 neue Vorstellungen einer städtischen Bebauung erzeugte und das Teubnersche Nachbargrundstück 1874 abgebrochen und durch einen Neubau ersetzt wurde, dauerte es noch bis 1885, bis das kleine und wenig repräsentativ wirkende Beckersche Haus abgebrochen wurde und durch ein neues Bankhaus gleichen Namens ersetzt wurde.

Geschäftshäuser Flinsch und Becker, 1908

Am Mendebrunnen vorbei erblickt man die prachtvollen Neubauten der Geschäftshäuser von Ferdinand Flinsch (Augustusplatz 2) und, rechts vom Brunnen, des Bankhauses Becker (Augustusplatz 1). Das Haus der Papierhandlung Flinsch, eines der weltweit größten Papierproduzenten und Papierhändlers, wurde 1880 erbaut. 1885 folgte der Neubau des einflussreichen Bankhauses Becker & Co. Persönlich haftender Gesellschafter, dann auch Inhaber der Bank war Friedrich Jay, der nach 1890 maßgeblich an der Umstrukturierung der Leipziger Pferde-Eisenbahn-Gesellschaft und der Bildung der Großen Leipziger Straßenbahn AG beteiligt war.

Niederländisches Haus, 1903

Der Blick geht vom Augustusplatz in Richtung der Johannisgasse. Links davon ist das Bankhaus Becker zu sehen, auf der rechten Straßenseite folgt das Niederländische Haus, das 1901–1903 von dem Holländer Hendrik Petrus Berlage, einem der Begründer der Moderne in der Architektur, als Versicherungsgebäude errichtet wurde. Trotz Kriegsschäden stand das Haus bis etwa 1956 am Augustusplatz, dann fiel es einem von der Bauideologie der DDR geleiteten Abriss zum Opfer. Rechts neben dem Niederländischen Haus ist noch ein kleines Haus am Ende des Roßplatzes zu sehen, die Stadtvilla des Freiherrn Oscar von Hoffmann, an dessen Stelle 1928 das Europahaus errichtet wurde.

Hotel »deutschland«, um 1970

Nach dem Krieg wurden die Reste aller Gebäude zwischen dem Grimmaischen Steinweg und dem Europahaus abgerissen. Die Straße wurde massiv aufgeweitet, und an die Stelle des Beckerschen und des Niederländischen Hauses trat der Neubau des Hotels »deutschland« (Karl-Marx-Platz 5–6). Entstanden 1963–1965 nach Plänen der Architekten H. Ullmann und W. Scheibe, verfügte das siebengeschossige Haus über 430 Betten sowie 800 Gaststättenplätze. In den 1970er Jahren umbenannt in Hotel »Am Ring«, 1990 erneut in »Deutschland«, firmiert es heute nach einem Umbau, der vor allem die Fassadengestaltung veränderte, als »Radisson BLU Hotel«.

Europahaus und Roßplatz, 1930

Rechts neben dem Niederländischen Haus mit seinem charakteristischen Uhrtürmchen steht das Europahaus (Augustus platz 7). Das Grundstück ist Teil des vor 1858 bis auf den Grund und Boden des Museums vorreichenden »Weinnäpfchens«. Das Hochhaus wurde 1928–1929 von Otto Paul Burghardt als Gegengewicht zum Kroch-Hochhaus erbaut. Der Stahlbetonskelettbau mit Muschelkalkverkleidung besteht aus einem 56 Meter hohen Turmbau mit 13 Geschossen, der zu beiden Seiten mit siebengeschossigen Seitenflügeln versehen ist. Zur Erbauungszeit befand sich auf dem Mittelteil des Hochhauses ein Dachgartenrestaurant. Bei der Sanierung des Gebäudes, das kaum Kriegsschäden erlitten hatte, wurde 1965 der obere Abschluss deutlich verändert, außerdem wurden erst jetzt Arkaden im Erdgeschoss eingebaut. Rechts neben dem Europahaus ist das Geschäftshaus Knaur (Roßplatz 12) zu sehen.

Südost-Ecke des Augustusplatzes, 1932

Das Luftbild gibt einen guten Überblick über die Situation am Augustusplatz im Umfeld des Europahauses an der Grenze von Augustus- und Roßplatz: Den Bildmittelpunkt bildet das Museum mit dem Mendebrunnen, links daneben steht das Europahaus mit dem Niederländischen Haus. Dahinter folgen die Gebäude am Roßplatz mit dem dominierenden Kaufhaus Knaur. Rechts im Bild erkennt man das Augusteum und dahinter die Städtische Schule für Frauenberufe an den Grünanlagen der Moritzbastei. Von den Bäumen nahezu verdeckt wird der in den 1920er Jahren errichtete Pavillon gegenüber der Moritzbastei.

Mendebrunnen, 1932

Der Mendebrunnen stammt zum größten Teil aus der Stiftung der 1881 verstorbenen Kaufmannswitwe Marianne Pauline Mende. Errichtet wurde er von Adolf Gnauth aus Nürnberg, nach dessen Tod vollendete ihn 1884–1886 der Leipziger Architekt Hugo Licht. Die Plastiken, eine Allegorie der Bedeutung des Wassers für den Menschen, schuf Jacob Ungerer aus München. Die Einweihung erfolgte am 1. September 1886. Im Laufe der folgenden Jahrzehnte wurde er mehrfach ab- und wieder aufgebaut, so beim Bau des Gewandhauses (1981) und beim Bau der Tiefgarage unter dem Augustusplatz (1999). Im Hintergrund sind das Neue Theater und rechts die Gebäude am Georgiring zu sehen.

Museum der bildenden Künste, um 1910

Nachdem mit dem Bau des Augusteums, der Neugestaltung der Chorfassade der Paulinerkirche und dem Bau des Café Français auf der Westseite und mit den Neubauten der Hauptpost und des Teubnerschen Hauses auf der Ostseite in den 1830er Jahren die wichtigen Längsachsen des Augustusplatzes markiert waren, begrenzte der Bau des Städtischen Museums der bildenden Künste nach Plänen von Ludwig Lange aus München, das nach vierjähriger Bauzeit 1858 eröffnet wurde, den Platz nach Süden. Das zunächst relativ kleine und schlichte Gebäude wurde 1883 bis 1886 nach Plänen von Hugo Licht um die beiden Seitenflügel erweitert. Das Museum enthielt auf zwei Etagen die städtische Gemälde- und Skulpturensammlung. Beim Luftangriff vom 4. Dezember 1943 brannte das Museum völlig aus. Die Ruine wurde 1963 gesprengt.

Blick auf den Augustusplatz, 1967

Nur wenige Jahre bot sich dem Betrachter dieser Anblick. Die Ansicht zeigt vor allem die großflächige Lücke, die nach Zerstörung und Abriss der Universität, des Museums und der Annenschule auf der Moritzbastei entstanden war. Bereits fertiggestellt sind die Neubauten der Hauptpost und des Hotels »deutschland«. Der Straßenbahnverkehr durch die Schillerstraße endete am 24. Mai 1968. Es wurde Baufreiheit für die neuen Gebäude der Universität geschaffen; die Linien 10, 11 und 28 wurden fortan über den Georgiring und die Linien 3 und 7 über die Goethestraße geführt.

Neues Gewandhaus am Karl-Marx-Platz, 1982

Das Neue Gewandhaus Leipzig war der erste und einzige Konzerthallen-Neubau der DDR. Es bildete den Abschluss der Neubebauung des Karl-Marx-Platzes. Das 1781 gegründete, weltbekannte Leipziger Gewandhausorchester hatte beim Luftangriff vom 20. Februar 1944 sein 1884 eingeweihtes Konzerthaus an der Beethovenstraße verloren und spielte seitdem unter prekären Bedingungen in der Kongresshalle des Leipziger Zoos. Vor allem dank der Initiative des Gewandhauskapellmeisters Kurt Masur konnte 1977 der Grundstein für ein neues Gewandhaus in der Stadtmitte gelegt werden, das nach Plänen von Rudolf Skoda, Eberhard Göschel, Volker Sieg und Winfried Sziegoleit errichtet und 1981 eingeweiht wurde.

Großer Saal im Gewandhaus, 1982

Der Große Saal des Gewandhauses mit 1900 Plätzen besitzt eine ausgezeichnete Akustik, in der der Klang des Orchesters und der Schuke-Orgel mit ihren 6638 Pfeifen zum Genuss wird. Über dem Spieltisch der Orgel befindet sich die Inschrift: »Res severa verum gaudium«. Dieser vom jüngeren Seneca stammende Wahlspruch des Gewandhausorchesters hat verschiedene Übersetzungen gefunden: »Es ist eine ernste Sache, wahre Freude zu bereiten«, auch: »Wahre Freude ist eine ernsthafte Sache«, oder aber entgegengesetzt: »Eine ernste Sache [die Musik] ist ein wahres Vergnügen«.

Abendstimmung am Karl-Marx-Platz, 1982

Die Ansichtskarte zeigt das fertiggestellte Ensemble der Neubauten der Jahre 1968–1981 an der West- und Südseite des Karl-Marx-Platzes. Nach den Maßstäben der sozialistischen Architektur und Städteplanung war hier das Musterbeispiel eines Stadtzentrums einer »sozialistischen Großstadt« am Ende des 20. Jahrhunderts entstanden – das sich freilich gar nicht so sehr von neugebauten Stadtzentren und Platzanlagen in Westeuropa und Übersee unterschied …

Straßenverkehr auf dem Augustusplatz zur Messezeit, um 1924

Bevor wir den Augustusplatz verlassen, sind noch einige Worte zur Verkehrstechnik notwendig. An der Ecke von Grimmaischem Steinweg und Georgiring herrscht Ende der zwanziger Jahre zur Zeit der Messe großer Trubel. Die Straßenbahnen auf der Linie 3 in Richtung Paunsdorf und die Linie 2 nach Plagwitz müssen sich ihren Weg bahnen. Die Linie 6 nach Gohlis fährt bereits in den Haltestellenbereich ein, der sich hier noch links auf der Mittelfahrbahn befindet. Das Durcheinander erzwingt förmlich eine Regelung des Verkehrs auf dieser Kreuzung.

Verkehrsturm am Augustusplatz, 1925

Dieselbe Straßenecke, wenig später: Seit der Frühjahrsmesse 1925 wird der Verkehr durch den »Eisernen Schupomann«, wie der Verkehrsapparat genannt wurde, geregelt, eine Art Vorläufer der heutigen Verkehrsampeln. Die Linie 15 (im Bild unten), die gerade den Georgiring in Richtung Probstheida kreuzt, erhält freie Fahrt, während der Wagenzug auf dem Georgiring (rechts) noch warten muss, bis für ihn die Fahrt in Richtung Roßplatz durch den »Schupomann« vom Verkehrsturm durch das Signal frei gegeben wird. Der mitten auf der Kreuzung stehende Schutzpolizist konnte von seinem erhöhten Standort aus das Verkehrsgeschehen besser sehen und seinerseits von den Verkehrsteilnehmern besser gesehen werden.

Verkehrsampel am Augustusplatz, 1930

Innerhalb weniger Jahre stieg das Verkehrsaufkommen so stark an – nicht zuletzt durch das Automobil –, dass der mit einem Polizisten besetzte Verkehrsturm durch eine automatische Verkehrsampel ersetzt wurde. Rechts unten ist die mitten auf der Kreuzung von Georgiring und Grimmaischem Steinweg stehende Verkehrsampel zu sehen, die gerade gewartet wird. Am Fahrbahnrand bieten Händler ihre Waren feil, auf der Mittelfahrbahn sind viele Straßenbahnen unterwegs.

Verkehrsführung am Karl-Marx-Platz, 1967

Eine vierte Ansicht der gleichen Straßenkreuzung, diesmal aus dem Jahr 1967. Zwei moderne Gliederzüge kreuzen den Ring. Die Leipziger Verkehrsbetriebe LVB beschafften von 1961 bis 1967 insgesamt 118 dieser als Typ 32 bezeichneten Straßenbahnwagen aus dem VEB Waggonbau Gotha. Als Beiwagen kamen die 118 bereits ab 1957 verwendeten Hänger vom Typ 64, ebenfalls in Gotha hergestellt, zum Einsatz. Die Verkehrsampeln waren inzwischen an den Straßenrand gewechselt, ihre Zahl hatte sich bereits deutlich erhöht, doch noch genügte eine Ampel pro Straßenecke.

2
GOETHESTRASSE

Auf der Seite der Innenstadt werden Augustusplatz und Hauptbahnhof durch die Goethestraße miteinander verbunden. Johann Carl Friedrich Dauthe gestaltete 1784 auf Anregung des damaligen Bürgermeisters Carl Wilhelm Müller das Gelände zwischen Grimmaischem und Hallischem Tor zu einer Parkanlage. Dabei entstand aus den Resten des Stadtgrabens der Schwanenteich. Der Bereich der heutigen Goethestraße wurde damals »Am oberen Park« genannt. Die Umbenennung erfolgte 1865 anlässlich des 100. Jahrestages von Goethes Einschreibung an der Leipziger Universität, wo der künftige deutsche Nationaldichter bis 1768 studierte.

Die Nummerierung der Gebäude in der Goethestraße erfolgte vom Augustusplatz zum Georgiring.
Eckhaus an der Grimmaischen Straße: Königsbau, Kaufhaus Bamberger & Hertz (Grimmaische Straße 31–37 / Goethestraße 1)
Nr. 1: Geschäftshaus mit Café Corso, ab 1913 mit Bamberger & Hertz vereinigt
Nr. 2: »Theaterpassage«, später Kroch-Hochhaus mit Theaterpassage
Nr. 3: »Melone« (zugleich Ritterstraße 8)
Nr. 4: Hotel »Schwarzes Brett«
Nr. 5: Meißnisches Haus mit Kunsthandlung Louis Pernitzsch
Später zusammengefaßt:
Nr. 3–5: Dresdner Bank, später Franz-Mehring-Haus
Nr. 6: Preußisches Haus, Institut für praktische Pädagogik, später Studentenwohnheim »Jenny Marx«
Nr. 7: Neues bzw. Rotes Kolleg
Eckhaus an der Ritterstraße: Königliches Palais (Ritterstraße 26)
Nr. 8: Georgenhalle mit Konditorei »Reichskanzler«, später Geschäftshaus der VVB Chemieanlagen
Zwischen Brühl und Richard-Wagner-Straße
Nr. 9: ADCA, Hotel Stadt Leipzig, heute Novotel (Goethestraße 11)

Königsbau (Bamberger & Hertz), um 1925

Den Beginn der Goethestraße bildet das Haus mit der Nummer Grimmaische Straße 31–37 / Goethestraße 1, der so genannte »Königsbau«, der 1911–1913 im neoklassizistischen Stil für das Wormser Konfektionsunternehmen Bamberger & Hertz errichtet wurde und zwei 1835 erbaute klassizistische Wohnhäuser ersetzte. Das Kaufhaus für Herren- und Knabenbekleidung entwickelte sich schnell zu einem der führenden Konfektionshäuser der Stadt. Auch das legendäre Café Corso hatte hier seinen Sitz. In der Pogromnacht des 9. November 1938 wurde das Haus in Brand gesteckt, die beiden Inhaber wurden verhaftet und kamen 1942 in Konzentrationslagern ums Leben. Nach dem Krieg wurde das Gebäude mehrfach saniert, zuletzt 1998–2000. Heute befindet sich hier eine Bankfiliale.

Beginn der Goethestraße, um 1905

Die Ansicht zeigt den Beginn der Goethestraße, wie sie sich in der Mitte und zweiten Hälfte des 19. Jahrhunderts entwickelt hatte. Zunächst das 1835 errichtete Haus Goethestraße 1, wie es bis zur Einbeziehung in den Neubau des Geschäftshauses Bamberger & Hertz im Jahr 1911 zu sehen war, gefolgt vom hellen Gebäude mit der Hausnummer 2, der Theaterpassage, die einen Durchgang von der Ritterstraße zum Neuen Theater besaß und die Kunsthandlung Hermann Vogel beherbergte; dieses Haus wurde 1927–1928 durch das Kroch-Hochhaus ersetzt. Das schmale hohe Haus, die »Melone« (Goethestraße 3), war ein Hotel mit einem im Erdgeschoss befindlichen Lederwarengeschäft; es mußte 1910–1911 ebenso wie das Hotel »Schwarzes Brett« (Goethestraße 4) dem Neubau der Dresdner Bank weichen.

Blick über den Augustusplatz auf die Goethestraße, um 1918

Ein Jahrzehnt später hat sich das Bild der Goethestraße bereits deutlich verändert. Nur die »Theaterpassage« (Goethestraße 2) mit »Zigarren Flatau« ist noch erhalten, wird aber fast erdrückt zwischen dem Geschäftshaus Bamberger & Hertz links und dem Geschäftsgebäude der Dresdner Bank auf der rechten Seite. Das Gebäude der Dresdner Bank (später Sächsische Bank bzw. »Sachsenbank«) wurde 1910–1911 von dem Architekten Martin Dülfer errichtet. Es besitzt eine Sandsteinfassade mit ionischer Säulenfront sowie vier Obergeschosse. Eine besondere Sehenswürdigkeit sind die Stahlkammern dieses monumentalen Prachtbaus. Nach 1945 trug das Gebäude den Namen »Franz-Mehring-Haus«, im Erdgeschoss befand sich die erste Volksbuchhandlung der DDR.

Königsbau, Kroch-Hochhaus und Dresdner Bank, 1931

Ein weiteres Jahrzehnt später ist das letzte alte Haus durch einen Neubau ersetzt – zwischen Königsbau und Bankgebäude befindet sich nun das erste Hochhaus Leipzigs. Es wurde 1927–1928 von German Bestelmeyer in Anlehnung an den Uhrturm auf dem Markusplatz in Venedig als elfgeschossiger Stahlbetonbau für das Bankhaus Kroch errichtet. Hans Kroch (1887–1970) war ein deutsch-jüdischer Bankier. Er finanzierte 1929–1930 den Bau der im Volksmund bald nach ihm benannten Krochsiedlung in Leipzig-Gohlis, einer Wohnanlage des frühen sozialen Wohnungsbaus im Stil der klassischen Moderne. 1938 wurde er verhaftet und zum Verzicht auf das Bankhaus gezwungen, konnte dann aber über Amsterdam und Argentinien nach Israel emigrieren.

Kroch-Hochhaus, um 1940

Die Leipziger Bauvorschriften verboten es, über die Firstlinie der innerstädtischen Wohn- und Geschäftshäuser hinauszugehen. Als Bestelmeyers Pläne für den Hochhausbau bekannt wurden, erhob sich lautstarker Protest. Daher wurde das Gebäude zunächst nur bis zur 7. Etage errichtet, die fehlenden vier Geschosse wurden dagegen als Holzmodell aufgesetzt. Die Entscheidung fiel schließlich zugunsten des Architekten, der damit eines der bekanntesten Wahrzeichen Leipzigs schuf. Unterhalb des Glockenspiels ist die Inschrift zu lesen: »Omnia vincit labor« (Alles überwindet die Arbeit). Die Figur im Vordergrund ist eine der beiden Musen Melponeme und Terpsichore, die seit 1868 den Eingang des Neuen Theaters zierten.

Goethestraße 1–5, um 1964

Im Unterschied zum größten Teil der Bebauung des Augustusplatzes überstand der Anfang der Goethestraße mit Königsbau, Kroch-Hochhaus und Dresdner Bank (Franz-Mehring-Haus) den Zweiten Weltkrieg relativ glimpflich. Die Ansicht aus der Mitte der 1960er Jahre zeigt links die Ruine des Augusteums und die Freifläche, auf der das Kaffeehaus Felsche gestanden hatte, dazwischen die im Krieg unzerstörte Paulinerkirche. Auf der Goethestraße sind zwei Straßenbahnen zu sehen, ein Pullman-Dreiwagenzug in Richtung Augustusplatz und ein Lowa-Triebwagen (vier Seitenfenster) mit angehangenem Gotha-Beiwagen (drei Seitenfenster) auf der Fahrt in Richtung Hauptbahnhof.

Straßenbahnhaltestelle vor dem Kroch-Hochhaus, um 1925

Wir befinden uns an der Haltestelle vor dem Kroch-Hochhaus am Augustusplatz vor dem Eingang zur Theaterpassage. Im Bildhintergrund sind das Städtische Museum und weiter links davon die Bauten am Georgiring hin zum Roßplatz zu sehen. Noch fehlt das Europahaus – am Roßplatz steht noch der Vorgängerbau, eine dreistöckige Villa. In der Bildmitte sehen wir einen Wagenzug der Linie 2 auf einer Umleitungsstrecke (statt über Georgiring durch die Goethestraße) auf der Fahrt nach Plagwitz. Hinter dem Wagenzug, fast nur an der Linientafel zu erkennen, fährt eine »3« vom Augustusplatz auf der Strecke von Paunsdorf nach Großzschocher.

Leipzig   Goethestraße mit Dresdner Bank, Rotes Colleg

Preußisches Haus, um 1930

Neben dem auf der linken Seite angeschnittenen Gebäude der Dresdner Bank befand sich das »Preußische Haus« (Goethestraße 6), erbaut 1841 von Albert Geutebrück, gefolgt vom zur Universität gehörenden Roten Kolleg. Beide Häuser wurden bei den Bombenangriffen 1943–1944 total zerstört und nach dem Krieg abgetragen. Weiter in Richtung Hauptbahnhof folgen das Königliche Palais, die Georgenhalle und das Gebäude der ADCA, erkennbar an der großen Kuppel auf dem Dach. Im Hintergrund sehen wir die Osthalle des Hauptbahnhofs.

Rotes Kolleg um 1900, Karte 1904

Das Neue Kolleg (Goethestraße 7) war ein großer Gebäudekomplex, der sich von der Ritterstraße bis an die Stadtmauer hinzog und mehrere Einrichtungen der Universität beherbergte. In dem ursprünglich 1503–1504 unter Herzog Georg erbauten, dann 1517 unter Herzog Georg dem Bärtigen neu errichteten Gebäude wurde 1646 der Philosoph Gottfried Wilhelm Leibniz (1646–1716) geboren; in den 1740er Jahre lebte hier der Student Christian Fürchtegott Gellert. Das Haus wurde 1904 abgebrochen und durch einen neogotischen Neubau ersetzt.

Rotes Kolleg, um 1905

Das aus dem Mittelalter stammende Rote Kolleg der Universität (Goethestraße 7) wurde 1904 abgebrochen und bis 1905 nach Plänen von Theodor Kösser durch einen Neubau im neogotischen Stil ersetzt. Es war geplant, die originalen gotischen Gewölbe im Sockelgeschoss zu erhalten, doch mussten sie aus statischen Gründen ebenfalls beseitigt werden. Am linken Bildrand sehen wir noch einen Teil des Preußischen Hauses der Universität; rechts folgt das Königliche Palais. Heute befindet sich auf diesem Gelände das 1965 fertig gestellte Studentenwohnheim »Jenny Marx«.

Studentenwohnheim »Jenny Marx«, um 1970

Von den Neubauten am Georgiring geht der Blick über die Rückseite des Opernhauses zum Studentenwohnheim »Jenny Marx« zwischen dem Franz-Mehring-Haus (ehemals Dresdner Bank, heute Commerzbank) und dem Königlichen Palais an der Ritterstraße. Es entstand 1963–1965 als Internat für die Studenten der Karl-Marx-Universität und füllte die Lücke, die die im Krieg zerstörten Häuser Nummer 6 (Preußisches Haus) und 7 (Neues bzw. Rotes Kolleg) hinterlassen hatten. Im Erdgeschoss des Neubaus befand sich ein Speiseraum, in den Obergeschossen waren die Schlafräume untergebracht. Nachdem es im März 1965 als Messehotel genutzt wurde, fanden im Anschluss 450 Studierende Aufnahme im neuen Internat.

Königliches Palais, um 1900

Am linken Bildrand sehen wir das Rote Kolleg noch vor dem radikalen Umbau unter Theodor Kösser (1904–1905). Rechts daneben befindet sich das Königliche Palais (Ritterstraße 26 / Ecke Goethestraße). Es wurde 1860–1862 nach einem Entwurf des Stadtbaudirektors Albert Geutebrück an der Stelle der Zwingergebäude des Kleinen Fürstenkollegs erbaut. Ursprünglich diente es als Unterkunft für den sächsischen König, wenn er als Landesherr und Rector magnificentissimus der Universität in Leipzig weilte. Ab 1919 wurde dieses Gebäude als »Porzellan-Palais-Meßhaus« verwendet. Heute dient es der Universität als Sitz des Rektorats und für repräsentative Veranstaltungen.

Georgenhalle, um 1910

Auf dem Gelände des ehemaligen Frauenkollegs (Brühl 80 / Goethestraße 8 / Ritterstraße 28), das der Rat der Stadt Leipzig 1856 erworben hatte, errichtete dieser 1856–1858 eine große Fleischhalle, die ihren Namen nach dem gegenüberliegenden Georgenhaus erhielt. 1878 umgebaut, diente die Georgenhalle von 1879 bis 1895 als Sitz des Reichsgerichtes. Bis zur Zerstörung im Zweiten Weltkrieg beherbergte das spätklassizistische Haus verschiedene städtische Dienststellen sowie im Erdgeschoss Ladengeschäfte und das Kaffeehaus »Reichskanzler«, dazu im Keller das Weinhaus »Winzerkeller«.

Georgenhaus vor 1871, Karte 1899

Am Ostende des Brühls entstand 1213 das älteste der Leipziger Hospitäler, das 1439 in städtischen Besitz überging. Nach der Zerstörung im 30jährigen Krieg wurde es 1699–1701 als Zucht- und Waisenhaus neu gebaut. 1790–1799 errichtete Johann Carl Friedrich Dauthe eine prächtige klassizistische Schauseite, die nach den Anlagen, der späteren Goethestraße, gerichtet war. Mit dem Verschwinden der letzten Teile der Stadtmauer wurde 1870–1871 auch das Georgenhaus abgerissen. Die Karte zeigt den Zustand unmittelbar vor dem Abriss. Der auf der Abbildung zu sehende Turm gehört zur Georgenkapelle im Inneren des Gebäudes.

Allgemeine Deutsche Creditanstalt (ADCA), um 1900

Am Ende der Goethestraße, zwischen Brühl und Richard-Wagner-Straße, errichtete 1871–1875 die Allgemeine Deutsche Creditanstalt (ADCA) auf dem Gelände des ehemaligen Georgenhauses ein großes Verwaltungsgebäude. Verlaufen am linken Bildrand die Gleise in den Brühl zum Fleischerplatz, so kommt uns am rechten Bildrand in Höhe der Parkstraße (ab 1913 Richard-Wagner-Straße) ein Wagenzug der Großen Leipziger Straßenbahn vom langgezogenen Empfangsgebäude des Dresdner Bahnhofs entgegen. Im Zweiten Weltkrieg wurde das ADCA-Gebäude schwer zerstört und anschließend abgetragen.

Neues Theater und Schwanenteich, um 1905

Vom Ende der Goethestraße aus erblickt man in östlicher Richtung die Rückseite des Opernhauses (Neues Theater). Von der großen Terrasse hatte man einen schönen Blick über den Schwanenteich mit seiner großen Fontaine. Der Park nach englischem Vorbild war ein ganz besonderer Anziehungspunkt in den Promenadenanlagen. Die Anlagen am Schwanenteich gehörten zu den ersten öffentlichen Parkschöpfungen Leipzigs. Sie wurden 1785 vollendet und entstanden nach Plänen Johann Carl Friedrich Dauthes und des damaligen Bürgermeisters Carl Wilhelm Müller, für den Dauthe ein Denkmal schuf, das sich heute in den Promenadenanlagen gegenüber dem Hauptbahnhof befindet.

Blick durch die Goethestraße zu den Bahnhöfen, 1899

Auf dieser Ansicht erkennt man deutlich die kleine Steigung, die der Triebwagen 384 der Großen Leipziger Straßenbahn hier herauf zum Schneckenberg (auf dem das Neue Theater stand, heute die Oper) überwinden muss. Er befindet sich in Höhe des Eisenbahndenkmals (rechts neben dem Triebwagen zu sehen) gegenüber dem Gebäude der ADCA (links im Bild). Rechts im Bild ist ein Teil der Parkanlagen am Schwanenteich hinter dem Theater zu sehen. Der Triebwagen ist als Linie A auf der Fahrt in Richtung Ausstellungsgelände – gemeint ist die »Sächsisch-Thüringische Industrie- und Gewerbeausstellung« auf dem Gelände des späteren König-Albert- (Clara Zetkin-) Parks im Jahr 1897.

Allgemeine Deutsche Creditanstalt (ADCA), 1907

Der Blick in die Gegenrichtung, vom Dresdner Bahnhof aus durch die Goethestraße zum Augustusplatz, zeigt das große Gebäude der Allgemeinen Deutschen Creditanstalt (ADCA) an der Ecke der Richard-Wagner-Straße. In den Jahren vor dem Ersten Weltkrieg gehörte die ADCA zu den größten deutschen Regionalbanken, geriet dann aber in der Weltwirtschaftskrise in finanzielle Schieflage und musste vom Staat gestützt werden. 1945 wurde sie liquidiert.

Bürogebäude der VVB Chemieanlagen und Hotel »Stadt Leipzig«, 1967

Der Blick geht vom Hauptbahnhof in die Goethestraße. Wo einst die ADCA gestanden hatte, erhebt sich nun das Interhotel »Stadt Leipzig« mit seinem Eingang in der Richard-Wagner-Straße, und an die Stelle der kriegszerstörten Georgenhalle ist das siebengeschossige Bürogebäude der VVB Chemieanlagen getreten, das 1964–1965 von den Architekten G. Walter und A. Möller in Stahlbeton-Skelettmontageweise aus Holz-Aluminium-Verbundelementen errichtet wurde und an seinen roten Farbglasbrüstungen leicht zu erkennen ist. Fährt links im Bild ein Gotha-Gelenkzug in den Haltestellenbereich zum Hauptbahnhofsvorplatz ein, so sind noch drei Pullman-Wagenzüge in der Goethestraße stadtein- und auswärts unterwegs. Im Hintergrund sehen wir das Opernhaus und links davon das Hauptpostgebäude.

Hotel »Stadt Leipzig«, 1970

Bereits 1950 wurde der Platz zwischen Richard-Wagner-Straße, Goethestraße und dem Brühl enttrümmert und ein Wettbewerb für einen Neubau ausgeschrieben. Das neue Hotel (Richard-Wagner-Straße 1–6) wurde 1963–1965 durch ein Kollektiv um den Architekten M. Böhme errichtet. Gegenüber dem Hauptbahnhof gelegen, verfügte es über 384 Betten. Im Flachbau des Hotels befanden sich eine Gaststätte in mehreren Räumen mit 870 Plätzen sowie an der Goethestraße der Eingang zum »Intershop« (rechts von der Eingangstür) sowie ein großer Friseursalon für Damen und Herren der PGH »Variante« (links vom Eingang). Der Salon war von 6 bis 22 Uhr für die Kunden geöffnet. Nach dem Abriss des Interhotels im August 1991 wurde an dieser Stelle mit der Postanschrift Goethestraße 11 das »Novotel Leipzig City« mit 200 Zimmern erbaut.

3
GEORGIRING

Parallel zur Goethestraße führt auch der Georgiring vom Augustusplatz zum Hauptbahnhof. Dieser Abschnitt des Promenadenrings gehörte einstmals zu den östlichen Befestigungsanlagen der Stadt vor dem Hallischen Zwinger. Ab 1785 wurden die Befestigungsanlagen geschleift und an ihrer Stelle der »Englische Park« angelegt, dessen Reste heute die Grünanlagen um den Schwanenteich bilden. Zwischen dem Park und den Gärten der Ostvorstadt, die sich um die Quergasse entwickelt hatten, wurde ein Abschnitt der die ganze Stadt umgebenden »Promenade« angelegt, der 1839 den Namen Bahnhofstraße erhielt (nach dem in diesem Jahr eröffneten Dresdner Bahnhof). 1899 wurde die 854 Meter lange Straße zu Ehren des verdienstvollen Oberbürgermeisters der Stadt Leipzig, Dr. Otto Georgi (1831–1918), in Georgiring umbenannt. Noch in den 1930er Jahren gehörte auch der mittlere und westliche Bahnhofsvorplatz bis zur Einmündung der Blücherstraße (später Rudolf-Breitscheid-Straße, heute Kurt-Schumacher-Straße), wo der Blücherplatz begann, zum Georgiring. Dieser in Ost-West-Richtung verlaufende Abschnitt wurde später zum heutigen Willy-Brandt-Platz gezogen; allerdings führen einige Einrichtungen im Hauptbahnhof auch heute noch die Postanschrift Georgiring 14.

Die Nummerierung der Gebäude erfolgte vom Augustusplatz zur Wintergartenstraße auf der östlichen Straßenseite. Links am Georgiring verläuft die Parkanlage hinter dem Neuen Theater mit dem Schwanenteich.

Nr. 1, Eckhaus an der Poststraße: Hotel und Weinhandlung »Königshof«, später Hotel Royal, später VEB Chemieanlagenbau und Montagekombinat
Nr. 2: Gummiwaren Krieg und Zeichenbedarf Wünsche
Nr. 3: National-Versicherungsgesellschaft und Staatslotterie-Einnahme
Nr. 4: Wohnhaus
Nr. 5: Telegrafen-Bauamt und andere Gewerke in den Häusern 5a bis 5e, Dr. Barth's Privatschule
Nr. 6: Wohnhaus Frege
Nr. 6a: »Tante Anna«, später Weinrestaurant Haas und Weinhaus Schäfer, danach Palast-Hotel
Nr. 6b: Einrichtungshaus Michaud
Nr. 7: Steckners Haus (neben dem Hotel Kaiserhof)
Nr. 7a: Werkzeugmaschinen Hahn & Kolb
Nr. 7b, Eckhaus an der Schützenstraße: Hotel Kaiserhof mit Bank für Landwirtschaft
Das Eckhaus gegenüber der Nr. 7b, Schindlers Hotel, hat die Adresse Schützenstraße 1
Nr. 7c: Ring Hotel
Nr. 8: Hotel Dresdner Hof
Nr. 8b: Grundbank
Nr. 9: Schneidermeister Döring
Nr. 10: Büromaschinen Walter Ploß
Nr. 11: Gummihandel Wolff
Nr. 12, Eckhaus an der Wintergartenstraße: Hotel Stadt Rom
Nr. 13: Hotel Continental, heute Victor's Residenz Hotel
Nr. 14–16: Dresdner Bahnhof, Magdeburger Bahnhof, Hauptbahnhof
Nr. 17: Hauptzollamt, 1909 durch Westhalle des Hauptbahnhofs überbaut
Nr. 19: Tscharmanns Haus, 1909 durch Westhalle des Hauptbahnhofs überbaut

Nach den Kriegszerstörungen verschwanden die Häuser am Georgiring, von einer Ausnahme abgesehen, vollständig. Die Neubebauung erhielt folgende Hausnummern: Nr. 1–3 für die Commerzbank AG Filiale Leipzig, Nr. 4–7 für die Wohnbauten mit Geschäften im Erdgeschoss (darunter Nr. 6 Restaurant Falstaff), Nr. 8–12 nicht vergeben, Nr. 13 wie früher für Victor's Residenz Hotel, Nr. 14 für einige Mieter des Hauptbahnhofs.

Augustusplatz und südlicher Bereich des Georgirings, um 1905

Die vom Dach des Museums der bildenden Künste fotografierte Ansicht gibt einen guten Überblick über den nordöstlichen Teil der Häuser am Augustusplatz und am Georgiring, beginnend ganz rechts mit dem Geschäftshaus der Papierhandlung Flinsch, jenseits des Grimmaischen Steinwegs gefolgt von der Hauptpost, dann an der Poststraße das Hotel Royal bis hin zum Palast-Hotel an der Gellertstraße und dem Neuen Theater auf dem Augustusplatz.

Hauptpost und Hotel Royal am Georgiring, um 1905

Die Straßenperspektive zeigt die Fassade der Hauptpost (an der Ecke des Grimmaischen Steinwegs), dahinter das Hotel Royal (Georgiring 1). Auf dem Ring begegnen sich zwei Straßenbahnen der Linie G. Die eine Bahn fährt in Richtung Gohlis, die andere in Richtung Connewitz. An der Ecke sehen wir vor der Bedürfnisanstalt eine Straßenpumpe. Aus ihr konnte jedermann kostenlos frisches Wasser gewinnen. Weiterhin sehen wir einen Zeitungsstand und eine der in reicher Zahl aufgestellten Litfasssäulen, die den Leipzigern und ihren Gäste das Neueste an Ereignissen und Veranstaltungen kund taten.

Verkehrsszene am Georgiring, um 1910

Die Karte vermittelt einen Eindruck vom sanft geschwungenen und nach Norden leicht abschüssigen Charakter des Georgirings. Am rechten Bildrand sind das Hauptpostgebäude, das Hotel Royal, dahinter der überwölbte Eingang zu Teubners Hof – der große Firmenkomplex reichte an der Poststraße vom Georgiring bis zur Querstraße –, sowie die weiteren Häuser bis zum Turm des Hotels Kaiserhof zu erkennen. Beeindruckend ist auch die Straßenbahnvielfalt: Im Vordergrund sehen wir einen Wagenzug der Linie S auf dem Georgiring von den Staatsbahnhöfen Plagwitz kommend auf der Fahrt durch die Wintergartenstraße nach Sellerhausen. Rechts ist eine Bahn von der Mittelfahrbahn in den Grimmaischen Steinweg eingefahren. Auf der Mittelfahrbahn können wir noch weitere Triebwagen der Großen Leipziger Straßenbahn sehen.

Georgiring und Schwanenteich, um 1920

Die Aufnahme bildet perspektivisch das Gegenstück zur vorherigen. Über den Schwanenteich mit seiner großen Fontaine hinweg geht der Blick zu den Gebäuden am Georgiring. Am linken Kartenrand sehen wir das helle dreistöckige Gebäude mit der Hausnummer 7a des Geschäftes Hahn & Kolb (Werkzeugmaschinen) an der Gellertstraße. Auf der anderen Straßenseite steht das Einrichtungshaus Michaud, gefolgt vom Palast-Hotel. Weiter in Richtung zur Hauptpost folgen das Telegrafen-Bauamt, die National-Versicherungsgesellschaft und Staatslotterie-Einnahme, Gummiwaren Krieg und Zeichenbedarf Wünsche und an der Ecke zur Poststraße das Hotel Royal.

Georgiring, um 1968

Im Zweiten Weltkrieg wurden die Häuser am Georgiring nahezu vollständig zerstört. An ihre Stelle trat eine mit Neubauten versehene Straßenfront, die in nichts an die Vorkriegsbebauung erinnert. Beim Wiederaufbau in den Jahren 1960–1962 wurde der Georgiring beträchtlich nach Osten verbreitert und teilweise begradigt. Die Einmündungen der Post-, Gellert- und Schützenstraße wurden überbaut, so dass diese Straßen seitdem von Osten kommend als Sackgassen vor dem Georgiring enden. Auch der an den Georgiring grenzende Teil der Wintergartenstraße wurde später so umgebaut, dass er nur für Fußgänger, Fahrradfahrer und Straßenbahnen passierbar ist.

Neubauten am Georgiring, 1965

Neben dem 1964 fertiggestellten Postgebäude wurde zur gleichen Zeit 1962–1964 das Bürogebäude des VEB Chemieanlagenbau und Montagekombinat errichtet. Der sechs- bzw. siebengeschossige Stahlbeton-Skelettmontagebau entstand nach Entwürfen der Architekten H. Ullmann und E. Göschel. Das zweiteilige Gebäude bot 440 Büroarbeitsplätze. Vor dem Eingang zum Gebäude ist ein Gotha-Gelenkzug mit Beiwagen zum Hauptbahnhof unterwegs.

Weinhaus Schäfer, 1928

Das Weinhaus Schäfer (Georgiring 6a), die frühere »Tante Anna«, wurde in den 1920er Jahren vom Großproduzenten Karl Schäfer aus Bad Dürkheim betrieben. Zur damaligen Zeit befanden sich viele Lokalitäten in der Nähe der Bahnhöfe bzw. des Hauptbahnhofs.

Weinhaus Schäfer, Leipzig

Mittlerer Georgiring, 1901

In der Bildmitte sehen wir eine typische Litfasssäule, auf der großflächige Werbeplakate angebracht sind. Rechts daneben steht eine Leipziger Gaslaterne. Die erste funktionierende Gaslampe nahm 1785 in den Niederlanden Johannes Petrus Minckeleers in Betrieb. 1836 hatte der Leipziger Stadtrat den Bau einer »Gasbeleuchtungsanstalt« beschlossen, und am 4. September 1838 erstrahlten erstmals auf einigen Leipziger Straßen und Plätzen diese modernen Lampen. Ein Bediensteter kam meist zweimal am Tag mit dem Fahrrad, hielt an der Laterne an und zog mit einer langen Stange den Gashahn auf oder zu. Links neben dem Triebwagen der Großen Leipziger Straßenbahn befindet sich an der Gellertstraße das Palast-Hotel mit dem charakteristischen Türmchen. Auf der anderen Straßenseite (im Bild nach links schauend) steht das helle weiße dreistöckige Haus der Werkzeugmaschinenhandlung Hahn & Kolb, gefolgt vom Hotel Kaiserhof.

Mittlerer Georgiring, von Südwest aus gesehen, um 1900

In der Bildmitte sind die beiden Gebäude Hotel Kaiserhof (links) an der Schützenstraße und das kleinere Geschäftshaus der Werkzeugmaschinenhändler Hahn & Kolb (rechts) an der Gellertstraße zu sehen. Am rechten Bildrand ist noch ein Teil des Einrichtungshauses Michaud zu erkennen. Am linken Bildrand folgen die Häuser Ring Hotel (7c), das Hotel Dresdner Hof (8), die Grundbank (8b), das Haus von Schneidermeister Döring (9), Büromaschinen Walter Ploß (10), Gummihandel Wolff (11) und mit der Nr. 12 das Hotel Stadt Rom als Eckhaus an der Wintergartenstraße.

Hotel Kaiserhof, um 1925

Das Hotel Kaiserhof (Georgiring 7b), eines von zahlreichen Hotels in Bahnhofsnähe, befand sich zwischen Gellert- und Schützenstraße am Schwanenteich und wurde 1891 von J. Zeißig auf dem Gelände des früheren Felixschen Gartens erbaut. Das Hotel war über den Haupteingang in der Schützenstraße zu betreten. Im Inneren des viergeschossigen Neorenaissancegebäudes wurden barocke Elemente eingearbeitet, so im Vestibül ein weiträumiges Treppenhaus aus Carrara-Marmor mit Metallgussgeländern. Durch den zweiten Eingang, vor dem ein moderner PKW parkt, gelangte man in die Geschäftsräume der Bank für Landwirtschaft.

Neubauten am Georgiring, um 1962

Anstelle der kriegszerstörten Häuser am Georgiring errichteten die Architekten H. Krantz, G. Gerhardt und W. Schreiner 1960–1962 drei langgestreckte Wohnbauten. In jedem dieser sechsgeschossigen Wohnblocks befanden sich 144 Wohnungen. Im Erdgeschoss waren Handelseinrichtungen untergebracht, so das »Modehaus am Ring«, das Konfektionsgeschäft »exquisit« und die Lebensmittelhandlung »delikat«. Mit dem Bau dieser Häuser wurden viele Straßenzüge, die bisher zum Ring geführt hatten, zu Sackgassen.

Weinrestaurant »Falstaff«, um 1975

Im Erdgeschoss des dritten Wohnblocks am Georgiring befand sich das Weinrestaurant »Falstaff«. Der Aufenthalt in dieser allseits beliebten Gaststätte war fast nur auf Vorbestellung möglich oder mit viel Wartezeit verbunden. Für das Innere des Weinrestaurants zeichnete der Innenarchitekt Heinz Lenck verantwortlich. Neben einem kleinen Weinabteil befand sich ein großes Restaurant mit dahinter liegender Tanzbar. Das zehn Meter lange Bild wurde von dem Maler Hans Engels geschaffen. Es stellt die »Kostümprobe zum Falstaff« dar und verknüpft die Gastlichkeit mit dem nahe gelegenen Opernhaus.

Verkehrsszene am Georgiring, 1966

Die westliche Seite des Georgirings hin zum Schwanenteich blieb auch nach 1945 unbebaut und liefert hier den schönen Blick über die Anlagen zum Hauptbahnhof und dem Interhotel »Stadt Leipzig«. Ein Niederflurwagenzug fährt in Richtung Hauptbahnhof. In der Gegenrichtung fährt ein »Lowa«-Zug zurück zum Karl-Marx-Platz. Von diesen Triebwagen beschaffte die LVB 1951 neun Wagen aus Werdau und 1954 noch einmal sechs Stück aus Gotha. Der erste Wagen mit der Nummer 1601 ist noch heute als historischer Triebwagen in der Originalfarbe rot-elfenbein zu sehen.

Hotel Stadt Rom, 1907

Am Ende des Georgiringes stand das Hotel Stadt Rom (auch: Hôtel de Rome). Im Erdgeschoss des an das Hotel links angrenzenden Gebäudes befand sich das Cigarrengeschäft von Theodor Ramm. Im Vordergrund erkennen wir die Gleise der Straßenbahn in die Wintergartenstraße. Sowohl dieses Gebäude als auch die am linken Bildrand zu sehenden Gebäude des Dresdner Bahnhofs (Administration, Hotel, Abfahrtshalle, Eilgut- und Expressannahme, Ankunftshalle) mussten dem Bau des neuen Zentralbahnhofs, dem Hauptbahnhof, weichen.

Hotel Continental, um 1915

Mit dem Neubau des Hauptbahnhofs verschwand das eben gezeigte Hotel Stadt Rom. 1911 entstand ein neues Hotel, das Hotel Continental, während sich das (neue) Hotel Stadt Rom auf der gegenüberliegenden Seite der Wintergartenstraße etablierte. Die hier gezeigte Karte wirbt für das Hotel Continental, ein »Haus I. Ranges« mit »modernstem Komfort«, das über »warm- und kaltfließendes Wasser und Telephon in jedem Zimmer« verfüge, und dies bereits ab 3 Mark. Vor dem Hotel und rechts davon in der Wintergartenstraße fahren Straßenbahnen der Großen Leipziger Straßenbahn. Im Hintergrund links vom Hotel fährt gerade ein Triebwagen der Leipziger Elektrischen Straßenbahn auf der Linie 8 oder 9 über den Hahnenkamm in Richtung Querstraße.

Hotels am Georgiring in Bahnhofsnähe, um 1930

Links ist das Hotel Continental sehen, auf der anderen Seite der Wintergartenstraße befindet sich das (neue) Hotel Stadt Rom, erbaut im Jahr 1909. Das Hotel Stadt Rom wurde im Zweiten Weltkrieg schwer zerstört und anschließend abgerissen; an seiner Stelle entstand 1969–1974 das Wintergartenhochhaus. Dagegen wurde das Continental als Hotel weiterbetrieben; seit 2001 wird es als »Victor's Residenz-Hotel« geführt. Im Haltestellenbereich sehen wir zwei Triebwagen. Der erste ist ein Salonwagen vom Typ 15 aus dem Jahr 1900, der zweite ist ein moderner Wagen vom Typ 20, gebaut in den Jahren 1910–1913.

Hochhaus an der Wintergartenstraße, um 1975

Während das Hotel Continental den Krieg überstanden hat, wurde das Hotel Stadt Rom völlig zerstört. Die Architekten G. Eichhorn und F. Gebhardt sowie ein Projektionskollektiv errichteten 1969–1974 an seiner Stelle das 32geschossige und 95 Meter hohe Gebäude. Es ist nach dem Universitätshochhaus (115 m) und dem Turm des Neuen Rathauses (114 m) das dritthöchste Gebäude der Stadt. Außer den 208 Wohnungen war auch ein Kindergarten mit 90 Plätzen vorhanden. Dieser nutzte das Dach der zweigeschossigen Basiszone als Spielterrasse. Das Hochhaus war eingebunden in ein zweigeschossiges Einkaufszentrum mit der Speisegaststätte »Stadt Dresden« sowie einer »Milch-Mokka-Eisbar«; letztere sind im Zuge der Sanierung des Gebäudes nach 2000 abgebrochen worden.

Georgiring am Hauptbahnhof, 1972

Auf der Karte sieht man das Wohnhochhaus Wintergartenstraße kurz vor der Fertigstellung. Das Hochhaus selbst ist bereits fertiggestellt, auf dem Dach ist das für die Leipziger Messe typische Doppel-M für »Mustermesse« zu sehen. Am unteren Kartenrand sind die Baumaßnahmen für das Einkaufszentrum noch in vollem Gange. Wir blicken auf den Tröndlinring mit den typischen Bauten: das Hotel Astoria, das Robotron-Rechenzentrum hinter dem Bankgebäude, die drei Wohnhochhäuser auf der anderen Seite des Rings und das Hotel »Stadt Leipzig«. Am rechten Bildrand ist das Bahnhofsgebäude zu sehen.

4
HAUPTBAHNHOF

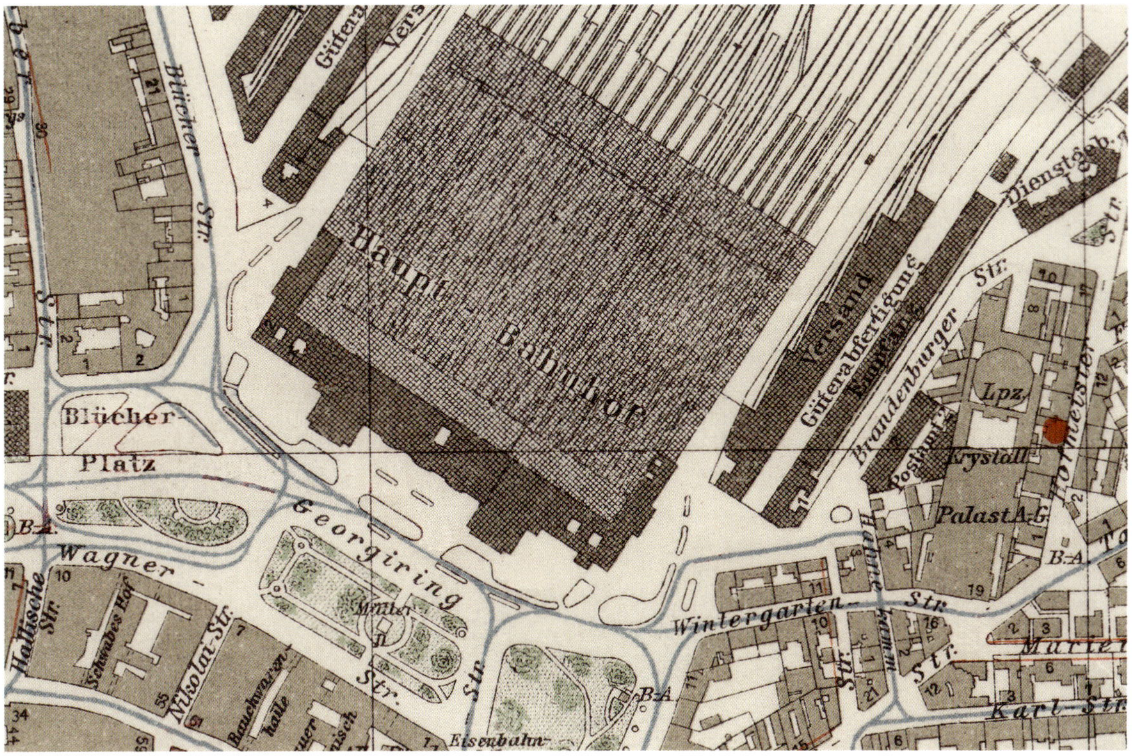

Der »Platz vor dem Thüringer Bahnhof« hieß ab 1870 Blücherplatz (nach dem preußischen Generalfeldmarschall Gebhard Leberecht von Blücher Fürst von Wahlstatt, 1742–1819), ab 1945 Karl-Legien-Platz (nach dem deutschen Gewerkschaftsfunktionär, 1861–1920), ab 1953 Platz der Republik (Gründung der DDR am 7. Oktober 1949) und ab 1993 Willy-Brandt-Platz (1957–1966 Regierender Bürgermeister von West-Berlin, 1966–1969 Außenminister und 1969–1974 Bundeskanzler, 1913–1992).

Georgiring Nr. 14: Dresdner und Magdeburger Bahnhof, später Hauptbahnhof
Georgiring Nr. 17: Hauptzollamt, heute linker Flügel der Westhalle des Hauptbahnhofs.
Georgiring Nr. 19: Tscharmanns Haus, 1909 durch Westhalle des Hauptbahnhofs überbaut

Hauptbahnhof, um 1930

Die Luftaufnahme vermittelt einen Eindruck von den gewaltigen Dimensionen des Hauptbahnhofes mit seinen großen Eingangshallen, der riesigen verglasten Dachfläche und den Gleisanlagen. Am unteren Bildrand sehen wir links die Goethestraße mit dem Dach der ADCA und rechts den Georgiring. Wer in ein Leipziger Adressbuch der vergangenen Jahrzehnte unter der Adresse »Georgiring 14« nachsieht, wird erstaunt sein, wie viele Privatpersonen eine Wohnung in den Obergeschossen des Leipziger Hauptbahnhofs besessen haben. Neben dem Namen steht oft auch die Berufsbezeichnung: Reichsbahn-Oberinspektor, Reichsbahnrat, Bahnhofs-Ober-Schaffner, Ober-Regierungsrat a. D.

Magdeburger und Dresdner Bahnhof, 1903

In der Zeit von 1837 bis 1859 entstanden an der nordöstlichen Peripherie der Altstadt am Promenadenring (damals Bahnhofstraße) drei Bahnhöfe. Als erster entstand der Dresdner Bahnhof (rechts), der nach Plänen von Eduard Pötzsch zunächst als Personenhalle mit zwei Bahngleisen erbaut und zwei Jahre nach der ersten Zugausfahrt (am 24. April 1837 nach Althen) im Jahr 1839 offiziell eröffnet wurde. Der letzte Zug verließ den Dresdner Bahnhof mit einer festlich geschmückten Lokomotive am 1. Februar 1913 um 9.37 Uhr. Kurz danach wurden die Gebäude abgebrochen. Der Magdeburger Bahnhof (links) wurde am 18. August 1840 eröffnet und ebenfalls mit dem Neubau des Hauptbahnhofes 1912 geschlossen und abgebrochen. Die Karte zeigt die Bahnhöfe nach ihrer grundlegenden Modernisierung in den Jahren 1863 bzw. 1864.

Thüringer Bahnhof, um 1903

Als letzter der drei Kopfbahnhöfe am Promenadenring entstand 1856–1857 das streng klassizistisch gegliederte Bauwerk des Thüringer Bahnhofs. Nachdem 1855 die »Thüringische Eisenbahn-Gesellschaft« das Gelände auf der Gerberwiese von der Stadt gekauft hatte, erfolgte der Bau des auf der Karte abgebildeten Bahnhofs. Der sumpfige Untergrund erforderte eine neuartige Technologie. Deshalb wurde mit Betonfertigteilen gearbeitet. Nach der Inbetriebnahme am 11. Juli 1857 verließen bis zu 25 Züge diesen Bahnhof, um Reisende zum Beispiel nach Weimar zu befördern. Er wurde am 1. Oktober 1907 als erster der drei Bahnhöfe geschlossen, um dem Neubau des Hauptbahnhofs Platz zu machen. Gleichzeitig konnte die Blücherstraße (später Rudolf-Breitscheid-Straße, heute Kurt-Schumacher-Straße) auf 30 Meter verbreitert werden.

Straßenszene vor dem Hauptbahnhof, um 1912

Bereits 1902 begannen die Bauarbeiten für den neuen Hauptbahnhof, der nach Entwürfen der Architekten Max Hans Kühne und William Lossow entstand. Da zwei staatliche Eisenbahngesellschaften, eine sächsische und eine preußische, für den Zugverkehr von und nach Leipzig verantwortlich waren, bestand der Hauptbahnhof aus zwei Teilen: rechts der sächsische Teil und links der preußische, 13 Gleise standen unter preußischer und 13 unter sächsischer Verwaltung. Dieser Dualismus blieb bis 1934 erhalten. Die Grundsteinlegung fand 1909 statt, 1915 waren die Bauarbeiten beendet. Die Gesamtkosten betrugen ca. 150 Millionen Mark. Die nördlich verlaufende Parthe wurde teilweise überbrückt und ihr Bett erneuert und gefestigt. Trotzdem war es notwendig, auf dem schwierigen Baugrund insgesamt 3115 Pfähle bis zu einer Tiefe von 7 Metern einzurammen.

Gleisanlagen des Hauptbahnhofs, um 1925

Der Hauptbahnhof besaß bei einer Frontlänge von knapp 300 Metern 26 überdachte Gleise, bei denen es eine exakte Ordnung gab: die nach Osten (im Bild nach links) verlaufenden Gleise führten in Richtung Dresden (nach Sachsen), die mittig verlaufenden Gleise führten in den Norden nach Berlin (nach Preußen), und die nach rechts verlaufenden Gleise führten nach Thüringen. Auch im Zeitalter des ICE hat sich diese Grundstruktur erhalten. So fahren z. B. die Züge Richtung Gera und Saalfeld vom Gleis 9, Richtung Berlin vom Gleis 11 und Richtung Dresden der Nahverkehr ab Gleis 22. Durchgangszüge nutzen die Tunnel und können die Bahnsteige beliebig ansteuern.

Verkehrssituation vor dem Hauptbahnhof, um 1925

Aus der Zeit der Konkurrenz der Leipziger Straßenbahngesellschaften sehen wir Gleisanlagen der Großen Leipziger Straßenbahn auf dem Georgiring / Tröndlinring und Gleise der Leipziger Elektrischen Straßenbahn direkt vor dem Hotel Astoria in Höhe der Packhofstraße. Ein Dreiwagenzug ist gerade vom Hauptbahnhofsvorplatz in diese Gleisanlagen eingefahren; die Strecke führte durch das Hallische Tor in die Innenstadt. Vor dem Bahnhof befinden sich weitere Fahrzeuge unterwegs durch die Blücherstraße nach Norden bzw. ganz rechts im Bild in Richtung Fleischerplatz. In der Bildmitte ist das flache Gebäude der »Straßenbahn-Inspektion« zu sehen, das 1929 vom »Westturm« abgelöst wurde.

Westturm am Hauptbahnhof, 1940

Wir schauen vom Blücherplatz auf das gewaltige Bahnhofsgebäude, über dessen Eingangshallen große Hakenkreuze als Symbole des NS-Regimes angebracht sind. In der Mitte des Bildes ist der 1929 errichtete »Westturm« zu sehen, der der LVB gehörte und der Verkehrsüberwachung des Bahnverkehrs diente. Von ihm aus wurden die Weichen der viergleisigen Haltestellenanlage elektromechanisch je nach Fahrtrichtung der verschiedenen Straßenbahnen gestellt. Der Straßenbahnverkehr wird mittig geführt, die Autos fahren im Kreisverkehr.

Ostturm am Hauptbahnhof, 1961

Diese soeben beschriebene Verkehrsregelung wurde auch an der Ostseite des Bahnhofs eingeführt. Die Ansichtskarte von 1961 zeigt den »Ostturm«, der etwas rechts vom Eingang zur Osthalle stand und hier mit der Werbung der »Deutschen Lufthansa« (der späteren Interflug der DDR) zu sehen ist. Zwischen der Ost- und der Westhalle sehen wir mehrere Doppelstockbusse, die hier als Schnellverkehr zum Messegelände fahren.

Empfangshalle des Hauptbahnhofs, um 1915

Wir blicken in eine der beiden gewaltigen Empfangshallen des Hauptbahnhofs. In ihr befinden sich die Gepäckannahme, die Fahrkartenschalter sowie weitere Geschäfte, z. B. für Blumen und Zeitungen. 1950 entstand unter dem Bahnsteig 22–23 das DEFA-Zeitkino. Es wurde Ende 1992 wegen baulicher Mängel geschlossen. Das Kino verfügte über 204 Sitzplätze und brachte zwischen 10 und 18.30 Uhr einen 70 Minuten dauernden Kurzfilmzyklus sowie zwei Spielfilme. Allein 1978 zählte das Kino mehr als 300 000 Zuschauer in 5589 Vorstellungen. Die 10 Meter breite Treppe führt (wie auch heute noch, inzwischen durch Rolltreppen und Aufzüge ergänzt) zum Querbahnsteig.

Querbahnsteig, um 1925

Oberhalb der beiden Eingangshallen befindet sich der Querbahnsteig, von dem 26 Gleise in die weite Welt führten. Hinzu kommen noch einige Außenbahnsteige, die den Leipziger Hauptbahnhof zum größten Kopfbahnhof in Europa machten. Damals durfte jeder Bahnsteig nur mit einer gültigen Fahrkarte oder mit einer Bahnsteigkarte betreten werden. Diese wurden von Bahnbediensteten an der »Sperre« kontrolliert. Service für die Reisenden, wie es der Zeitungskiosk in der Ansicht zeigt, hat es zu jeder Zeit gegeben, allerdings nicht zu vergleichen mit dem heutigen Einkaufsparadies der »Hauptbahnhof-Promenaden«.

5
RICHARD-WAGNER-STRASSE

Die Richard-Wagner-Straße zieht sich an der Nordseite der Stadt im Zuge der ehemaligen Stadtmauer von der Goethestraße kommend bis zum Richard-Wagner-Platz hin. In der Gegend des heutigen Durchbruchs der Nikolaistraße war die Stadtmauer ursprünglich durch zwei runde Pulvertürme (1513 erbaut, 1766 abgebrochen) verstärkt. Am Ost- und am Westende lag je eine der vier im 16. Jahrhundert errichteten Basteien, im Osten die Schönefelder oder Georgenbastei, im Westen die Ranstädter Bastei. In der Mitte zwischen beiden befand sich das Hallische Tor, das der späteren Straße Am Hallischen Tor seinen Namen gab. Der östliche Teil (von der Goethestraße bis zum Hallischen Tor) hieß ursprünglich Grimmaischer Zwinger, seit 1839 Am unteren Park und seit 1865 Parkstraße, während der westliche Teil (vom Hallischen Tor bis zum Richard-Wagner-Platz) Hallischer Zwinger hieß, seit 1839 Theatergasse, seit 1865 Plauenscher Platz und Theatergasse. 1913 beschloss der Stadtrat, die Parkstraße, den Plauenschen Platz und die Theatergasse mit Wirkung vom 22. Mai 1913, dem 100. Geburtstag des in Leipzig geborenen Komponisten und Kapellmeisters RichardWagner (1813–1883), zusammenzulegen und gemeinsam in Richard-Wagner-Straße umzubenennen. Die Richard-Wagner-Straße war ursprünglich nur auf der Innenstadtseite bebaut, meist handelte es sich um Hinterhäuser der entsprechenden Grundstücke des Brühls. 1943–1945 wurden die Häuser der Richard-Wagner-Straße fast völlig zerstört.

Die Häuser erhielten die nachfolgenden Nummern (an der Goethestraße beginnend):

Nr. 1–2: ADCA, vorher Wohnhäuser aus dem Jahr 1795
Nr. 3–4: Neubau von 1878, »Zum blauen Harnisch«
Nr. 5: Rauchwarenhalle, erbaut 1912
Nr. 6: Wohn- und Geschäftshaus, Neubau anstelle eines älteren Hauses von 1797
Nr. 7, Eckhaus an der Nikolaistraße: »Zur goldenen Kanne«, Parkhotel
Eckhaus Brühl 57-59
Nr. 8: Rückseite von »Krafts Hof« (Brühl 47)
Nr. 9: Rückseite von »Schwabes Hof« (Brühl 45)
Nr. 10: »Goldene Kugel«
Nr. 11, Eckhaus am Hallischen Tor: Messehaus Union (Am Hallischen Tor 1-5)
Nr. 12: Rückseite von »Zum Heilbrunnen« (Brühl 35)
Nr. 13: Rückseite von »Lattermanns Hof« (Brühl 27)
Nr. 14: Rückseite der »Goldenen Eule« (Brühl 25)
Nr. 15, an der Ecke zur Plauenschen Straße: »Plauenscher Hof« (Brühl 23)
Nebenseite des Eckhauses Plauensche Straße 13
Nr. 16: Rückseite des Hauses »Zum Kranich« (Brühl 15)
Nr. 17: Rückseite des Hauses »Zur grünen Tanne« (Brühl 13)
Nr. 18: Rückseite des Hauses »Zum goldenen Hufeisen« (Brühl 11)
Nr. 19: Rückseite des Hauses »Drei Schwanen« (Brühl 7–9)
Nr. 20, an der Ecke zum Richard-Wagner-Platz: Leipziger Lebensversicherungsgesellschaft, Erweiterungsbau zum Kaufhaus Brühl (Richard-Wagner-Platz 3)

Hauptbahnhofsvorplatz und Richard-Wagner-Straße, 1935

Auf der Luftbildaufnahme sehen wir am unteren Rand in der Mitte das Börsengebäude, links davon das Hotel Astoria, rechts von der Börse sieht man die Gleise in die Richard-Wagner-Straße. Unten rechts ist zunächst die »Goldene Kugel« (Nr. 10) an der Ecke Am Hallischen Tor zu sehen, gefolgt von »Schwabes Hof« (Nr. 9) und »Krafts Hof« (Nr. 8). Am östlichen Ende vor Beginn der Goethestraße erkennt man das gewaltige ADCA-Gebäude und weiter am Georgiring das große Gebäude des Hotels Kaiserhof (Georgiring 7b) neben der kleinen Privatvilla. Die sehr breite Parkanlage zwischen dem Tröndlinring und der Richard-Wagner-Straße entstand in den Jahren nach 1784. Damals fiel die Schönefelder Bastei an der Nordostecke der mittelalterlichen Stadtbefestigung.

Müller-Denkmal, 1909

In den Promenadenanlagen vor dem Dresdner Bahnhof (heute Ostseite des Hauptbahnhofs) befindet sich das 1819 errichtete Denkmal für den verdienstvollen Leipziger Bürgermeister Carl Wilhelm Müller (1728–1801). Es ist ein großer Steinwürfel mit zwölf runden Steinsäulen auf einer damals von acht schlanken Pappeln umgebenen Rasenfläche. Müller war ab 1759 Ratsherr und seit 1778 Bürgermeister der Stadt Leipzig. Er gilt als Schöpfer der Promenadenanlagen, besonders des nördlichen Teils. Im Hintergrund ist das Gebäude der Allgemeinen Deutschen Credit-Anstalt (ADCA) zu sehen, das bis zur Goethestraße hinreicht.

Hotel Stadt Leipzig, 1966

Von 1963 bis 1965 wurde an der Ecke von Goethestraße und Richard-Wagner-Straße das Interhotel »Stadt Leipzig« erbaut und pünktlich zur Jubiläumsmesse eröffnet, zeitgleich mit dem Hotel »deutschland« am Augustusplatz. Zwischen diesem Hotel und dem folgenden Parkhotel wurde ein Flachbau als Konferenzstätte errichtet. 1990 entstand hier das erste Spielcasino der Stadt. Sowohl das Hotel »Stadt Leipzig« als auch der Flachbau wurden abgerissen und in den 1990er Jahren durch Hotel- und Büroneubauten ersetzt, wobei der Durchbruch zur Ritterstraße, der durch das Hotel überbaut worden war, wieder hergestellt werden konnte.

Parkhotel, 1959

Gleich neben dem Hotel »Stadt Leipzig« befindet sich an der Ecke der Nikolaistraße ein weiteres Hotel. Das Parkhotel (heute »Seaside Park Hotel Leipzig«, Richard-Wagner-Straße 7) wurde 1913 für die prominenten Gäste der Eröffnungsfeier des Völkerschlachtdenkmals errichtet und verfügt heute über 288 Zimmer. Der Name »Parkhotel« geht auf den Park, wie die Promenadenanlagen auch genannt wurden, sowie auf die Parkstraße, wie die Richard-Wagner-Straße vorher hieß, zurück. Auf der Karte ist auf dem Dach die Leuchtschrift zu lesen: »LEIPZIGER VOLKSZEITUNG meldet«. Die 22 Meter lange Leuchtschrift brachte ununterbrochen die neuesten Meldungen aus Politik, Kultur und Sport. Dazu wurden 2000 Glühlampen mit je 25 Watt verwendet. Links neben dem Hotel befindet sich noch die beräumte Fläche des ehemaligen ADCA-Gebäudes, auf der ab 1963 das Hotel »Stadt Leipzig« erbaut wurde.

Blücherplatz mit Börse, 1913

Das Interessanteste an dieser Ansichtskarte ist nicht die im Mittelpunkt stehende, 1911 durch den Aufbau eines weiteren Stockwerks vergrößerte Börse am Blücherplatz (von ihr wird noch ausführlich die Rede sein), sondern die am linken Bildrand sichtbare Häuserzeile der westlichen Richard-Wagner-Straße. Ganz links ist die »Goldene Kugel« an der Ecke Am Hallischen Tor zu sehen, ihr gegenüber steht als helles großes Gebäude das Messehaus Union (Nr. 11 / Am Hallischen Tor 1–5). Es folgen die Wohn- und Geschäftshäuser »Zum Heilbrunnen« (Nr. 12), »Lattermanns Hof« (Nr. 13), »Goldene Eule« (Nr. 14) und mit dem großen schwarzen Dach der »Plauensche Hof« (Nr. 15) an der Ecke der Plauenschen Straße.

Messehaus Union, um 1930

Das Messehaus Union (Am Hallischen Tor 1–5) wurde 1923-1924 an der Stelle dreier älterer Häuser (darunter »Zum goldenen Sieb« von ca. 1700 und »Zum halben Mond« von ca. 1740) errichtet, 1943 schwer beschädigt und 1947–1948 wieder instandgesetzt und modernisiert. Es diente vorwiegend der Präsentation von Möbeln und Einrichtungsgegenständen. Im September 1968 erfolgte der Abriss, um einen freien Blick auf die modernen sozialistischen Wohnblocks Brühl 3 bis 13 zu schaffen. Mit dem Abriss dieses Hauses verschwand auch das »Jahr-100-Bräu«, eine Lokalität mit »Naumannsbräu Spezialausschank«, eine »Sehenswürdigkeit ersten Ranges«.

Am Hallischen Pförtchen um 1800, Karte von 1898

Zwischen dem Hallischen und dem Ranstädter Tor in Höhe der Katharinenstraße befand sich ab 1468 das Hallische Pförtchen. Zum Hallischen Pförtchen führte eine Gasse, die später den Namen Plauensche Straße erhielt. Die Fußgänger gelangten über eine kleine Brücke aus der Innenstadt heraus zur Nordstraße und weiter in das Rosental. Auf dem zugeschütteten Stadtgraben entstanden im 19. Jahrhundert die spätere Richard-Wagner-Straße und die ihr vorgelagerten Grünanlagen.

Neubauten an der Richard-Wagner-Straße, 1969

Die dichte Bebauung der westlichen Seite der Richard-Wagner-Straße zwischen Am Hallischen Tor und Richard-Wagner-Platz wurde im Zweiten Weltkrieg fast vollständig zerstört. Nachdem die Trümmer beseitigt waren, errichtete man 1965–1968 zwischen dem wiederhergestellten (und 1968 trotzdem abgerissenen) Messehaus Union und dem ehemaligen Kaufhaus Brühl (später »konsument«) drei zehngeschossige Wohnblocks in moderner Großblockbauweise. Die insgesamt 454 Wohnungen waren modern gestaltet und verfügten über fließend Warmwasser, Zentralheizung, Müllschlucker, Lift und Loggien. Die Adresse lautete Brühl 3–13. Zwischen den Wohnblöcken, in Kammstellung zum Promenadenring, befanden sich eine Kaufhalle, das Sporthaus am Brühl, das Polnische Informations- und Kulturzentrum sowie neben dem Kaufhaus eine große Lebensmittelverkaufsstelle.

6 BLÜCHERPLATZ UND TRÖNDLINRING

Nachdem 1907 die letzten Häuser am Georgiring (z. B. Tscharmanns Haus, Georgiring 19, und das Hauptzollamt, Georgiring 17) abgerissen worden waren, um der Westhalle des Hauptbahnhofs Platz zu machen, befanden sich am Blücherplatz nur noch zwei Häuser:

Nr. 1: Erbländischer Ritterschaftlicher Creditverein
Nr. 2: Hotel Astoria, vorher Leipziger Feuerversicherungsanstalt

Der Tröndlinring beginnt als westliche Verlängerung des Blücherplatzes (seit 1993 Willy-Brandt-Platz) und geht nahtlos in den Fleischerplatz (heute Goerdelerring) über. Dieser 950 Meter lange Abschnitt des Promenadenrings (bis 1908 »Löhrsplatz«) erhielt seinen Namen nach Dr. jur. Carl Bruno Tröndlin (1835–1908), Rechtsanwalt und Notar, der 1877 zum Bürgermeister erhoben und 1882 als Bürgermeister auf Lebenszeit wiedergewählt wurde. Tröndlin war außerdem sächsischer Justizrat und 1884 bis 1890 Mitglied des Reichstags sowie 1899–1908 Mitglied der 1. Kammer des Sächsischen Landtags. Tröndlin wurde am 26. Mai 1835 im Eckhaus Löhrsplatz zur Pfaffendorfer Straße geboren, also ein »Kind« unseres Rundgangs. Betrachtet man die auf der Karte blau dargestellte Linienführung der Straßenbahn, so werden die Auswirkungen der Konkurrenz der privaten Straßenbahnunternehmen (Große Leipziger Straßenbahn und Leipziger Elektrische Straßenbahn) deutlich – es gab kaum eine Straße, die nicht von der Bahn durchfahren wurde. Dabei ist zu beachten, daß die Nord- und Plauensche Straße nur stadteinwärts, die Hallische und Gerberstraße nur stadtauswärts befahren wurden.

Die Gebäude am Tröndlinring trugen folgende Hausnummern:

Nr. 1, zwischen Tröndlinring und Richard-Wagner-Straße: Dauernde Gewerbeausstellung, zuvor Landfleischerhalle, später Naturkundemuseum
Nr. 2: Neue Börse mit Handelskammer und Bibliothek
Nr. 3: Mitteldeutsche Commerz- und Privatbank, Deutsche Allgemeine Versicherung, vorher Städtisches Leihhaus
Nr. 4, Eckhaus an der Nordstraße: Café Royal (vorher Löhrsplatz 1), Nationale Automobilgesellschaft AG
Nr. 5: Restaurant Forkel, dann Geschäftshaus Arnold Reinshagen mit Wohnungen
Nr. 6, Eckhaus an der Löhrstraße: Weinhandlung St. Hubertus
Nr. 7: Reformierten Kirche mit Pfarrhaus, vorher Wohnhaus des Berndtschen Gartengrundstücks
Nr. 8: Löhrs Haus, Hotel Fürstenhof
Nr. 9: Geibels Haus, Ring-Messehaus

Tröndlinring und Richard-Wagner-Straße in westlicher Richtung, um 1925

Die Luftaufnahme aus der Mitte der zwanziger Jahre zeigt die Bebauung des Tröndlinrings und des westlichen Teils der Richard-Wagner-Straße zwischen Am Hallischen Tor (links unten) und Gerberstraße (rechts unten) bis zum Fleischerplatz (oben Mitte). Zwischen Richard-Wagner-Straße und Tröndlinring ist das lang gestreckte Gebäude der Dauernden Gewerbeausstellung zu sehen, zwischen Trönlinring und Packhofstraße liegt die Börse. Am oberen Bildrand, eingebettet in den Grünstreifen, befindet sich das Alte Theater. Auch der Turm der Reformierten Kirche ist nicht zu übersehen.

Zeppelin-Aufnahme von Leipzig. Tröndlinring

Bahnhofstraße, 1898

Wir befinden uns in der Bahnhofstraße, wie der Georgiring bis zur Umbenennung 1899 hieß. Zwischen dem Blücherplatz und den Bahnhöfen befanden sich zwei große Gebäude. Es waren dies das Hauptzollamt (Georgiring 17, am rechten Bildrand), gefolgt von Tscharmanns Haus (Georgiring 19). Die 1905–1907 abgebrochenen Häuser standen auf dem heute freien Platz vor der Westseite des Hauptbahnhofs. In der Bildmitte sehen wir das Börsengebäude und im weiteren Verlauf des Rings, nun Tröndlinring genannt, den Turm der Kirche der Reformierten Gemeinde. Auf der linken Bildseite sehen wir das Grün der Promenadenanlagen zwischen Georgiring und Parkstraße (Richard-Wagner-Straße).

Haus des Erbländischen Ritterschaftlichen Creditvereins um 1890, Karte 1899

Am Eingang der Gerberstraße befand sich das Haus des Erbländischen Ritterschaftlichen Creditvereins (Blücherplatz 1). Der Creditverein wurde im Mai 1844 auf Anregung namhafter Rittergutsbesitzer des Leipziger Kreises, insbesondere des Rittergutsbesitzers Dr. Crusius auf Sahlis, gegründet. Seine Aufgabe bestand in der Entschuldung landwirtschaftlichen Grundbesitzes durch Erteilung unkündbarer Tilgungshypotheken und der Beleihung von Hausgrundstücken in Sachsen. Im August 1945 wurde die Bank durch SMAD-Befehl geschlossen. Die Liquidation übernahm die Sächsische Landesbank. Das alte Haus des Creditvereins wurde 1894 abgebrochen und durch einen gründerzeitlichen Neubau ersetzt.

Blücherplatz, um 1905

Der Blick vom Dach der »Goldenen Kugel« an der Ecke von Richard-Wagner-Straße und Am Hallischen Tor zeigt den Blücherplatz vor den Umbauten im Zusammenhang mit dem Neubau des Hauptbahnhofes. Links und in der Mitte sind die Börse, direkt dahinter in heller Farbe das Hotel »Börse« (später »Victoria«) (Gerberstraße 1) sowie die entlang der Gerberstraße befindlichen Wohn- und Geschäftshäuser zu sehen. Rechts steht noch das Empfangsgebäude des Thüringer Bahnhofs, der 1907 abgerissen wurde, links daneben die Vorgängerbauten des 1913 errichteten Hotels Astoria. Das rechte hellere Gebäude war das der Feuerversicherungsanstalt an der Blücherstraße 2 (1869–1870 durch Bruno Leopold Grimm erbaut), das etwas dunklere daneben gehörte dem Erbländischen Ritterschaftlichen Creditverein (Blücherplatz 1).

Hotel Astoria, 1956

In unmittelbarer Nähe zum Hauptbahnhof und zeitgleich mit seinem Bau entstand 1913–1915 das Hotel Astoria, entworfen von den Architekten des Hauptbahnhofs, William Lossow und Max Hans Kühne. Zum Haupteingang des Hotels, der sich damals in der Blücherstraße befand, gelangte man direkt vom Ausgang der Westhalle. Nach dem Krieg wurde das Hotel 1948–1952 wieder instand gesetzt. 1954–1957 erhielt es einen Erweiterungsbau zur Gerberstraße hin und wurde 1969–1973 erneut umgebaut. 1965–1992 wurde es als »Interhotel« betrieben; seit 1997 steht es leider leer und harrt einer neuen Nutzung. Die auf der Karte sichtbare Baulücke an der Blücherstraße (heute Kurt-Schumacher-Straße) wurde 1963–1965 durch den Neubau des Interhotels »Zum Löwen« geschlossen (seit 1995 Hotel Holiday Inn Garden Court, Kurt-Schumacher-Straße 3).

Hotel Astoria mit Erweiterungsbau, um 1965

1954–1957 wurde das im Krieg zerstörte Gebäude neben dem Hotel Astoria (ehemals Erbländischer Ritterschaftlicher Creditverein) durch einen Erweiterungsbau für das Hotel ersetzt. Der Hoteleingang befindet sich nun in der Mitte des Hauses, am Georgiring. Der Eingang links in der Gerberstraße führte in die beliebte »Astoria-Klause«, die eine Etage unter dem Erdgeschoss lag. 1969–1971 erfolgte die Umgestaltung des Georgirings / Tröndlinrings in mehreren Bauabschnitten. Der »Westturm« wurde entfernt. Die bisher im Erdgeschoss befindliche Dispatcherzentrale erhielt einen neuen Raum im Hauptbahnhof. Mit der Umgestaltung verschwanden auch die letzten Gleise, die hier noch aus der Richard-Wagner-Straße kommend im Bild zu sehen sind. Noch nicht zu sehen ist der Fußgängertunnel, der 1972 zwischen dem Hotel Astoria und Am Hallischen Tor erbaut wurde.

»Eiserne Bude« um 1880, Karte 1899

Auf dem Blücherplatz rechts vom Eingang zur Gerberstraße ließ der Rat der Stadt 1820 ein Waagegebäude errichten. Es wurde 1882 vor dem Bau des neuen Börsengebäudes an dieser Stelle abgerissen. Das Gelände war günstig in Bahnhofsnähe gewählt. Auf dem Platz befand sich ein offener Schuppen, der zur vorübergehenden Einlagerung der Waren diente, und in der Gerberstraße befanden sich noch zahlreiche Höfe der Handwerker, die ihre Rohstoffe einkauften und anschließend ihre Waren wieder verkauften. Trat einmal ein Engpass bei der Finanzierung auf, so waren es nur ein paar Schritte bis zum dahinter gelegenen Gebäude, dem (alten) Städtischen Leihhaus.

Neue Börse, 1902

Die Neue Börse (Tröndlinring 2) – die Alte Handelsbörse steht noch heute auf dem Naschmarkt in der Innenstadt – wurde 1885–1886 im Auftrag der Leipziger Handelskammer im italienischen Renaissancestil nach Plänen von Hans Enger und Carl Weichardt gebaut. Die Baukosten lagen bei 1 350 000 Mark. Geradezu zierlich wirkt im Vergleich dazu das hinter der Börse liegende weiße Gebäude des alten städtischen Leihhauses (Tröndlinring 3), das 1838–1839 als sächsische Packkammer erbaut worden war. Im Hintergrund ist die Kirche der Reformierten Gemeinde am Löhrsplatz zu sehen. Auf der linken Seite des Tröndlinringes steht das Gebäude der Dauernden Gewerbeausstellung.

Börsenrestaurant, um 1910

Im Erdgeschoss der Börse befand sich ein gut geführtes Restaurant mit Garten, in der ersten Etage lagen die Geschäftsräume der Handelskammer, so z. B. die Vorstandszimmer und ein großer Sitzungssaal.

Börse und Bankgebäude, um 1916

1911 wurde die Börse durch den Aufbau eines weiteren Stockwerks vergrößert. Die Architekten August Hermann Schmidt und Arthur Johlige erhöhten das Gebäude von 18 auf 30 Meter. Wenig später wurde das 1838–1839 als städtisches Packkammergebäude erbaute und 1858 als Leihhaus und Sparkasse eingerichtete Gebäude abgerissen und 1915 durch den Neubau der Mitteldeutschen Commerz- und Privatbank (Tröndlinring 3) ersetzt. Während die Börse im Zweiten Weltkrieg zerstört und anschließend abgerissen wurde, konnte das Bankgebäude nach 1945 vom damaligen Rat des Kreises Leipzig (Land) und nach 1990 vom Landratsamt Leipzig genutzt werden.

Straßenbahnverkehr am Blücherplatz, um 1920

Hinter der (bereits umgebauten) Börse sind in der Gerberstraße 1 das Hotel »Victoria« (vorher Hotel »Börse«, davor Hotel »Palmbaum«) und gegenüber das Wohn- und Geschäftshaus Georgiring 1 (Erbländischer Ritterschaftlicher Creditverein) zu sehen. Bemerkenswert an dieser Abbildung sind die Gleisanlagen am Blücherplatz. Auf dem Tröndlinring fährt ein Wagenzug der Großen Leipziger Straßenbahn in Richtung Hauptbahnhof. Von seinem Gleis führen auch Schienen nach rechts (unten) zur Abstellanlage in der Richard-Wagner-Straße. Ein Triebwagen der Linie 2 der Leipziger Elektrischen Straßenbahn hat den Ring überquert und wird vor dem nachfolgenden Wagenzug der Linie 10 seine Fahrt durch die Katharinenstraße fortsetzen, nachdem er die Plauensche Straße durchfahren hat.

Dauernde Gewerbeausstellung, 1901

Auf dem Gelände der Dauernden Gewerbeausstellung (Tröndlinring 1) befand sich seit 1861 eine Landfleischerhalle. Als sie den neuen Ansprüchen nicht mehr genügte, wurde sie 1894 abgerissen und durch eine mächtige Ausstellungshalle ersetzt. 1895 von der »Polytechnischen Gesellschaft« als Dauernde Gewerbeausstellung eröffnet, wurden hier Motoren, Maschinen sowie weitere technische und gewerbliche Gegenstände gezeigt. Die Gewerbeausstellung bestand bis 1911. Danach wurden die Räume für gewerbliche Zwecke vermietet, u. a. hatte hier 1912–1924 das Naturkundemuseum sein Domizil. Der Haupteingang befand sich an der Richard-Wagner-Straße und konnte bequem mit der Straßenbahn der Linien 8, 9 und 10 vom Hauptbahnhof aus erreicht werden. Pferdebahnwagen, wie sie der Zeichner der Karte einfügte, sind hier aber nie gefahren.

Tröndlinring 4–6, 1902

Die Karte zeigt den Abschnitt des Tröndlinrings zwischen Nordstraße und Löhrstraße unmittelbar vor den großen Umbauten der nächsten Jahre. Ganz rechts an der Einmündung der Nordstraße befindet sich noch ein Biergarten, in dem »Löwenbräu« ausgeschenkt wird; links daneben ist das Restaurant Forkel (Tröndlinring 5), gefolgt von der Weinhandlung St. Hubertus an der Ecke der Löhrstraße. Jenseits der Löhrstraße steht der Turm der Reformierten Kirche, und im Hintergrund ist das Gebäude der Zweiten Bürgerschule am Schulplatz zu erkennen.

Tröndlinring 4–6, um 1910

Wenige Jahre später bietet sich dem Betrachter ein stark verändertes Bild dar: Noch steht zwar ganz rechts das kleine zweistöckige alte Leipziger Leihhaus (Tröndlinring 3), das 1913 abgerissen und 1916 durch ein Bankgebäude ersetzt wurde. Doch links der Nordstraße (bis 1908 Löhrsplatz 1, jetzt Tröndlinring 4) ist bereits das prachtvolle Wohnhaus mit dem Café Royal zu sehen – man beachte den architektonischen Kontrast zu den vergleichsweise winzigen und armseligen Häusern in der Nordstraße!

Geschäftshaus Arnold Reinshagen, um 1930

Hier sehen wir das mittlere Gebäude zwischen Nordstraße und Löhrstraße (Tröndlinring 5) im Großformat. Neben Wohnungen gab es in diesem Haus die Geschäftsräume von Peter Dittermann, von Prössdorf & Koch Nachf., sowie in der ersten Etage und im Erdgeschoß die Verkaufsräume der Gummifabrik von Arnold Reinshagen. Das Gebäude fiel ebenso wie das Nachbarhaus Nr. 6 mit der Weinhandlung St. Hubertus dem Krieg zum Opfer, die Fläche blieb jahrzehntelang unbebaut, bis um 2000 ein modernes Bank- und Geschäftshaus errichtet wurde, das beide Grundstücke umfasst.

Reformierte Kirche, um 1905

Auf der unbebauten Südseite des Tröndlinrings befindet sich eine schmale Grünanlage, die den Ring von der südlich parallel verlaufenden Richard-Wagner-Straße trennt. Die Nordseite wird von der Reformierten Kirche mit dem benachbarten Predigerhaus dominiert (Tröndlinring 7). Beide entstanden 1896–1899 nach Plänen der Leipziger Architekten Georg Weidenbach und Richard Tschammer. Vorher befand sich an dieser Stelle das Wohnhaus des Berndtschen Gartengrundstücks (seit 1863), welches die Reformierte Gemeinde 1894 erworben hatte. Der markante, 73 Meter hohe geschwungene Turmhelm mit seiner doppelstöckigen Laterne ist weithin sichtbar. Beim Bombenangriff 1943 brannte die Kirche völlig aus, wurde aber bereits 1946–1950 wieder aufgebaut.

Löhrs Haus um 1889, Karte 1904

1770–1771 ließ sich der Bankier Eberhard Heinrich Löhr auf einem sumpfigen Grundstück nördlich des Alten Theaters und der Theatergasse einen parkartigen Garten anlegen, der als »Löhrs Garten« bekannt wurde. An dessen Südende errichtete der Leipziger Architekt Johann Carl Friedrich Dauthe ein klassizistisches Gebäude (später Tröndlinring 8). 1822 wurde das Haus um ein Stockwerk erhöht und durch einen flachen Dreiecksgiebel bekrönt. Nach dem Verkauf des Grundstücks mit dem Haus wurde Löhrs Haus teilweise umgebaut, mit Anbauten versehen und im Jahr 1890 als Hotel eröffnet, das bis heute besteht (Hotel Fürstenhof).

Löhrs Haus, Gartenansicht um 1889, Karte 1904

Der Garten hinter dem Gebäude galt als einer der schönsten und größten der Stadt Leipzig. Er war reichlich mit Gewächshäusern ausgestattet, und da er bis an die Parthe reichte, enthielt der Garten sogar Brücken, weitere Teiche und einen »Freundschaftstempel«. Der Garten und mit ihm der wertvolle amerikanische Baumbestand wurden in der Völkerschlacht 1813 stark verwüstet. Ab 1886 wurde der Garten durch die Leipziger Immobiliengesellschaft parzelliert und bebaut.

Hotel Fürstenhof, um 1905

1889–1890 wurde das Wohnhaus des Leipziger Bankiers Eberhard Heinrich Löhr zum Hotel umgebaut. Seine heutige Gestalt erhielt es bei einem weiteren Umbau 1912–1913, bei dem das Haus auch aufgestockt wurde. Trotz starker Brandschäden vom Angriff am 4. Dezember 1943 diente das Gebäude nach der Besetzung Leipzigs durch die 3. US-Armee im April 1945 als lokales Hauptquartier der US-Streitkräfte. Später trug es den Namen »Hotel International« und gehörte zu der Gruppe der Interhotels der DDR. In den 1990er Jahren wurde der Bau restauriert und 1996 als 5-Sterne-Superior-Hotel wiedereröffnet. Im Jahr 2000 übernahm Sheraton das Hotel und führt es seitdem unter seinem alten Namen »Hotel Fürstenhof Leipzig«. Prunkstück des Hauses ist der kostbar ausgestattete »Serpentinsaal«, der sehr gern für Hochzeitsfeiern genutzt wird.

Villers-Brunnen, um 1905

Vor dem Haus Tröndlinring 9 befindet sich der Villers-Brunnen. Dieser Zierbrunnen wurde am 6. November 1903 von den Verlagsbuchhändlern Stadtrat Alphons Friedrich Dürr und Dr. Carl Geibel, Bewohnern dieses Hauses, errichtet und soll die Bedeutung des Wassers für den Menschen darstellen. Die Figur eines trinkenden Mädchen krönt den Brunnen. Die Bronzefigur wurde 1942 eingeschmolzen, eine Nachbildung von Bildhauer Markus Gläser aus dem Jahr 1989 wenige Jahre später gestohlen. Seinen Namen erhielt der Brunnen zum Andenken an die erste Gattin von Alphons Dürr, Helene, geborene von Villers, und deren Schwester, Mathilde Baumgarten geborene von Villers.

Geibels Haus, 1900

Neben dem Haus des Bankiers Löhr befand sich, etwas zurückgesetzt, das Haus Tröndlinring 9, das den Verlagsbuchhändlern Stadtrat Alphons Friedrich Dürr und Carl Geibel (Inhaber der Firma Duncker & Humblot) gehörte. Während das klassizistische Gebäude zu Beginn der 1920er Jahre dem Ring-Messehaus weichen musste, steht auf dem Platz vor dem Haus bis heute der 1903 von Dürr und Geibel gestiftete Villers-Brunnen.

Ring-Messehaus, 1959

Neben dem Hotel »International« (heute wieder »Fürstenhof«) erhebt sich der gewaltige Komplex des Ring-Messehauses, der sich vom Tröndlinring bis zur Humboldtstraße erstreckt. In einer ersten Bauphase entstand bis 1922 ein 13 000 Quadratmeter großer Teilbau auf dem ehemaligen Grundstück »Geibels Garten«. 1925–1926 wurde dann das Vordergebäude auf acht Geschosse erhöht. Der Leipziger Architekt Gustav Pflaume erweiterte die Fassade mit einem kleinen Portikus. Im Keller eröffnete eine Gaststätte, das Ringrestaurant. 1926 öffnete das Messehaus in seiner geplanten Größe. 1943 wurde das Gebäude zu zwei Dritteln zerstört, doch setzte bereits 1946 der Wiederaufbau ein. Bis 1992 wurde es als Textilmessehaus genutzt; seitdem steht es leer. Der komplette Rundgang betrug nicht weniger als 4,5 Kilometer!

Neugestaltung des Tröndlinrings, 1969

Während auf dem vorigen Bild noch die alte, enge Straßenführung des Tröndlinringes zu sehen ist, sieht man hier die Ergebnisse der 1964 begonnenen Neugestaltung. Wo einst die Dauernde Gewerbeausstellung, das Alte Theater und die sie umgebenden Grünanlagen gestanden hatten, ist nun die Straße enorm verbreitert und für den mehrspurigen Auto- und separaten Straßenbahnverkehr eingerichtet worden. Auf Gleis 4 steht ein Gotha-Gelenkzug abfahrtbereit als Linie 8 in Richtung Mockau. Er ist von Kleinzschocher gekommen und wird am Hauptbahnhof das Westgleis als nächste Haltestelle anfahren. Nebenan auf Gleis 3 steht Triebwagen 1516 aus Lindenau, als Linie 15 gekommen, zur Weiterfahrt nach Liebertwolkwitz. Am linken Bildrand sind noch die Niederflurhänger der Linie 4 auf Gleis 1 zur Weiterfahrt geradeaus nach Knautkleeberg zu sehen.

Tröndlinring, von Westen gesehen, um 1935

Das Luftbild bildet das Gegenstück zur Abbildung auf Seit 65 oben. Der Blick geht vom Fleischerplatz über den Tröndlinring und die Richard-Wagner-Straße zurück zum Hauptbahnhof und zum Georgiring. Wo sich heute nach einer enormen Ausweitung und Begradigung des Straßenverlaufs eine breite, nur leicht geschwungene Trasse an der Innenstadt vorbeizieht, wird hier die relativ dichte Bebauung des Tröndlinrings sichtbar, deren Flucht nicht durch die Fassade des zurückgesetzten und schräg gestellten Hauptbahnhofs aufgenommen wird.

7
RICHARD-WAGNER-PLATZ, SCHULPLATZ UND FLEISCHERPLATZ (GOERDELERRING)

Richard-Wagner-Platz, Schulplatz und Fleischerplatz bilden die nordwestliche Ecke der Leipziger Innenstadt. Der Richard-Wagner-Platz entstand östlich des Ranstädter Tores (1822 abgebrochen) durch die Einbeziehung des 1765 aufgefüllten Geländes an der Ranstädter Bastei in die Grünanlagen der Promenade. Der unregelmäßige Platz wirkt mehr wie eine Erweiterung des Brühls als wie ein in sich abgeschlossener Platz, ein Eindruck, der dadurch verstärkt wird, dass der Platz zuletzt nur durch zwei Gebäude sichtbar begrenzt war, den Großen Blumenberg und das Kaufhaus Brühl (mit der Adresse Brühl 1–3), während das Alte Theater etwas abseits stand und der zugehörige Werkstättenbau nicht als Bestandteil des Platzes wahrgenommen wurde. Der Platz hieß seit 1839 Theaterplatz und wurde 1913 zum 100. Geburtstag des Komponisten in Richard-Wagner-Platz umbenannt.
Der Fleischerplatz lag an der Außenseite der im 18. Jahrhundert entstandenen Promenade. 1656 hatte der Magistrat an diesem Ort einen großen Schlachthof erbauen lassen. Nur hier durfte das große Vieh (mit Ausnahme der Schafe und Kälber) geschlachtet werden. Der dahintergelegene offene Pleißemühlgraben diente den Fleischern zweihundert Jahre lang zur Entsorgung ihrer Abfälle.
Nördlich des Fleischerplatzes lag der Schulplatz mit dem Gebäude der Zweiten Bürgerschule, das seit 1924 als Naturkundemuseum genutzt wird (Lortzingstraße 3), und rechts daneben das Wohn- und Geschäftshaus mit dem Café Promenade. Die Westseite wurde durch den Pleißemühlgraben begrenzt, südlich ging der Schulplatz nahtlos in den Fleischerplatz über.

Am 1. August 1945 wurden der Schulplatz und der Fleischerplatz zusammengefasst und gemeinsam in Friedrich-Engels-Platz umbenannt (nach dem Philosophen Friedrich Engels, 1820–1895). Am 19. November 1991 beschlossen die Stadtverordneten mit Wirkung vom 1. Januar 1992 die Umbenennung in Goerdelerring, um damit an den ehemaligen Leipziger Oberbürgermeister Carl Friedrich Goerdeler (1884–1945) zu erinnern, der am 2. Februar 1945 wegen seiner Beteiligung am Staatsstreich gegen Hitler (am 20. Juli 1944) hingerichtet worden war.

Zum Richard-Wagner-Platz zählten die Gebäude:
Nr. 1: Großer Blumenberg
Nr. 2: Altes Theater
Nr. 2a: Theaterwerkstatt des Alten Theaters, zuvor Reithaus
Nr. 3, an der Ecke Richard-Wagner-Straße: Erweiterungsbau für das Kaufhaus Brühl (Brühl 1–3), vorher Leipziger Lebensversicherungsgesellschaft (Richard-Wagner-Straße 20)

Am Fleischerplatz befanden sich die Häuser
Nr. 1–4: Wohn- und Geschäftshäuser, darunter das Opel-Autohaus Louis Glück
Nr. 5: Industrie- und Handelskammer
Nr. 6–7: Hauptfeuerwache

Die gegenüber liegende Straßenseite war unbebaut. Etwas höher gelegen befinden sich die Häuser an der Töpferstraße (Matthäikirchhof).
Mitten auf dem Fleischerplatz ließ Albert Geutebrück 1840 ein Gasometer errichten. Dieses durchgängig aus Eisen bestehende Bauwerk diente der Gasversorgung der Stadt und der damals eingeführten Straßenbeleuchtung.

Richard-Wagner-Platz, Schulplatz und Fleischerplatz, um 1930

Der nach Südwesten gerichtete Blick zeigt im Vordergrund den Turm der Reformierten Kirche und links daneben das Alte Theater. Auf dem Schulplatz ist eine große provisorische Messehalle zu sehen. In den 1920er Jahren gab es Überlegungen, an dieser Stelle ein Messe- und Hotelhochhaus zu errichten, doch obwohl die Idee 1994 in einem Architektenwettbewerb wieder aufgegriffen wurde, ist es dazu nicht gekommen. Stadtauswärts, im Bilds recht nach oben führend, verläuft der enge und dicht bebaute Ranstädter Steinweg. Zu dessen linker Seite sehen wir die Häuserzeile an der Nordwestseite des Fleischerplatzes mit dem dahinter fließenden Pleißemühlgraben und dem Naundörfchen hinter der Feuerwache. Die Südwestseite (im Bild oben) wird durch die Häuser der Lessing- und der Promenadenstraße (seit 1962 Käthe-Kollwitz-Straße) begrenzt.

Blick vom Schulplatz auf den Tröndlinring, 1903

Der Blick aus der Rosentalgasse über den Schulplatz hinweg in Richtung Osten zeigt links ein gelbes Wohngebäude (Rosentalgasse 2). Im Erdgeschoss befand sich das Neue Wiener Café bzw. ab 1914 das Café Promenade, das im Jahr 1900 vom Kaffeewirt J. L. Heimerl eröffnet worden war. Das Gebäude wurde 1935 abgerissen. Hinter dem Haus lag zurückgesetzt (und daher im Bild verdeckt) die Zweite Bürgerschule. Dem Ring in östlicher Richtung folgend, kommen links das Hotel Fürstenhof und die Reformierte Kirche. In der Mitte ist das Alte Theater zu sehen und rechts dahinter das Gebäude der Leipziger Lebensversicherungsgesellschaft (Richard-Wagner-Straße 20) neben dem Kaufhaus Brühl (Brühl 1–3). Die große Kuppel im Hintergrund der Bildmitte gehört zum Gebäude der Dauernden Gewerbeausstellung.

Zweite Bürgerschule und Geibels Garten, 1907

Der Blick vom Fleischerplatz über den Schulplatz zur Pfaffendorfer Straße zeigt ganz links das Neue Wiener Café (Ranstädter Steinweg 2) und daneben das weiße Gebäude der 1837–1838 erbauten Zweiten Bürgerschule, das seit 1924 Heimat des Naturkundemuseums ist. Das von Kriegsschäden kaum betroffene Haus beherbergt heute umfassende Sammlungen, u. a. 8000 Wirbeltierpräparate und 22 000 mineralogische und paläontologische Exponate. Auf der anderen Seite der Pfaffendorfer Straße ist »Geibels Garten« zu sehen, das Haus des Verlegers Carl Geibel (1842–1910, Inhaber von Duncker & Humblot), das 1922–1926 durch den Neubau des Ring-Messehauses ersetzt wurde. Ein Triebwagen der Großen Leipziger Straßenbahn hat die Kreuzung am Fleischerplatz verlassen und wird die Fahrt entweder zum Hauptbahnhof oder durch die Pfaffendorfer Straße fortsetzen.

Angermühle 1875, Karte ca. 1902

Am westlichen Ende des Schulplatzes, unmittelbar am Beginn des Ranstädter Steinwegs, stand die 1165 erstmals erwähnte Angermühle (auf dem heutigen Grundstück Jacobstraße 1), die älteste und größte der Leipziger Mühlen, bis 1544 nach der gegenüberliegenden Jacobskirche auch Jacobsmühle genannt. Für ihre Wasserversorgung wurde der Elstermühlgraben angelegt, der u. a. von der links im Bild zu sehenden Rosentalbrücke überquert wurde. Die Mühle gehörte dem Augustinerkloster St. Thomas, später der Familie Thümmel. Die Stadt Leipzig kaufte sie im Jahr 1499 für 1200 Gulden. Die Mühle wurde vorwiegend als Getreidemühle, aber auch als Gewürz-, Öl- und Tabakmühle genutzt. Die Angermühle wurde 1879 mit der Überwölbung des Elstermühlgrabens abgebrochen. Heute befindet sich hier der Eingang zur Jacobstraße und zum Rosental.

Frankfurter Brücke, um 1900

Vom Schulplatz führte die Frankfurter Brücke über den Pleißemühlgraben in den Ranstädter Steinweg (im Bild ganz links). Der alte Gebäudekomplex »Zur goldenen Sonne« (Frankfurter Steinweg 2) wurde sowohl vom Elster- wie vom Pleißemühlgraben flankiert. Am Beginn des Ranstädter Steinwegs ist das noch heute bestehende Eckhaus zur Jacobstraße 1 zu erkennen.

Rosentalbrücke um 1830, Karte 1898

Zwischen der Rosentalbrücke (links) und der Angermühle (rechts) hindurch geht der Blick über den Fleischerplatz zur Neuen Kirche, wie die Matthäikirche zur damaligen Zeit genannt wurde. Die Straßenbrücke der Rosentalgasse führte über den Verbindungskanal zwischen Elstermühlgraben und Pleißemühlgraben und wurde 1868 erneuert.

Die alten Grundstücke der Rosentalgasse vor 1870, Karte 1899

Die Rosentalgasse verbindet den Schulplatz mit dem Rosental. Ursprünglich gab es nur einen Zugang durch die Angermühle, bis 1548 eine Brücke errichtet wurde, die 1832 neu gebaut wurde. Die Karte zeigt die Rückseiten der 1870 abgebrochenen Häuser der Rosentalgasse zum Elstermühlgraben hin. Im Hintergrund ist das Alte Theater zu erkennen.

Altes Theater um 1800, Karte 1904

Nach der Schleifung der Befestigungsanlagen wurde im Jahr 1766 auf den Fundamenten der Ranstädter Bastei das »Comödienhaus«, das spätere Alte Theater erbaut, das in die Grünanlagen der die ganze Stadt umschließenden Promenade eingebettet war. Rechts vom Theater sind das Ranstädter Tor mit seinem Turm (beide 1822 abgebrochen) und daneben das Schießhaus zu sehen. Das auf der Abbildung zu sehende Wasser bildete bis zur Höhe des Barfußgäßchens den einzigen Teil des Stadtgrabens, der um 1800 noch nicht aufgeschüttet war.

Altes Theater, 1906

Das Alte Theater entstand nördlich der Freifläche auf den Fundamenten der nach dem Siebenjährigen Krieg niedergelegten Ranstädter Bastei und wurde 1766 als »Comödienhaus« eröffnet. Gründer war der Kaufmann und Kunstliebhaber Gottlieb Benedikt Zehmisch. Der schlichte Bau wurde von Georg Rudolph Fäsch ausgeführt. 1796 ging das Theater in städtischen Besitz über. 1817 wurde es durch den Karlsruher Architekten Friedrich Weinbrenner im klassizistischen Stil umgebaut, dabei erhielt das Haus auch seine eindrucksvolle neue Fassade. 1801 erlebte Schillers »Jungfrau von Orleans« hier ihre Uraufführung in Anwesenheit des begeistert gefeierten Dichters. Am 4. Dezember 1943 wurde das Haus schwer zerstört und nach dem Krieg abgerissen.

Theatergasse, 1899

Der westliche Teil der heutigen Richard-Wagner-Straße, vom Hallischen Tor bis zum Richard-Wagner-Platz, hieß von 1839 bis 1913 Theatergasse nach dem an ihrem Beginn stehenden Alten Theater (links außerhalb des Bildes). Im Mittelpunkt der Ansicht ist das um 1840 errichtete Gebäude der Theaterwerkstatt (Richard-Wagner-Platz 2a) zu sehen, dahinter die Rückseite der Dauernden Gewerbeausstellung (Tröndlinring 1). Beide Gebäude fielen den Bomben des Zweiten Weltkriegs zum Opfer.

Reithaus am Theaterplatz vor 1868, Karte um 1900

1717–1718 musste der Leipziger Rat auf Wunsch Augusts des Starken ein Reithaus errichten, damit der sächsische Kurfürst und polnische König bei jeder Witterung seine Pferde im Trockenen bewegen konnte. In der Mitte des 18. Jahrhunderts spielten hier italienische Operngesellschaften zur Messe, bis 1766 unmittelbar daneben (im Bild ganz links) das »Comödienhaus« auf der Ranstädter Bastei errichtet wurde. Fortan diente das Reithaus als Theaterwerkstatt und zur Aufbewahrung der Theaterrequisiten, bis es 1868 abgebrochen wurde, um Platz zu machen für die Neubauten an der Theatergasse, der späteren Richard-Wagner-Straße. Rechts sind die modernen Wohnhäuser am Brühl zu sehen, die 1875 mit dem Bau des Kaufhauses Brühl und des Versicherungsgebäudes abgerissen wurden. Die im Vordergrund sichtbare Parkanlage gehört zum Hahnemann-Denkmal.

Messetrubel auf dem Fleischerplatz und am Pleißemühlgraben, um 1905

Der Blick geht aus dem Ranstädter Steinweg (rechts im Bild) zum Schulplatz und dem nach rechts anschließenden Richard-Wagner-Platz. Im Vordergrund sehen wir die Frankfurter Brücke, die über den Pleißemühlgraben führt und den Schulplatz nach Westen begrenzt. Im Hintergrund sind der Turm der Reformierten Kirche, das Alte Theater mit dem charakteristischen spitzen Dach, die Geschäftshäuser an der Ecke von Richard-Wagner-Straße und Brühl sowie, ganz rechts, der Große Blumenberg zu erkennen. Der Pleißemühlgraben wurde 1951 überwölbt, in den letzten Jahren sind Teile wieder ans Licht geholt worden.

Kaufhaus Brühl und Haus der Leipziger Lebensversicherungsgesellschaft, um 1910

Am Theaterplatz zwischen Brühl und Theatergasse erbaute der Leipziger Architekt Emil Franz Hänsel 1907–1908 das Kaufhaus Brühl, das am 3. Oktober 1908 eröffnet wurde. Es trug die Adresse Brühl 1–3 und ersetzte zwei ältere Häuser, von denen das linke (Nr. 1) an der Ecke zum Theaterplatz ein Bau mit vier Geschossen aus dem 19. Jahrhundert, das rechte (Nr. 3) ein gründerzeitlicher Neubau war, das O. Bergmann 1886 an der Stelle eines älteren zweigeschossigen Hauses errichtet hatte, in dem 1813 Richard Wagner geboren wurde (seit 1656 Gasthof »Zum roten und weißen Löwen«). Links neben dem Kaufhaus ist das 1875–1876 erbaute Geschäftshaus der Leipziger Lebensversicherungsgesellschaft zu sehen, die es bis zum Umzug in den Neubau am Thomasring im Jahr 1908 nutzte.

Niederflurwagenzug auf dem Richard-Wagner-Platz am Alten Theater, 1938

Nach dem Auszug der Leipziger Lebensversicherungsgesellschaft konnten die Besitzer des Kaufhauses Brühl 1912 das Grundstück erwerben und bis 1915 durch Umbauten dem Kaufhaus angliedern. 1927–1928 erfolgte durch die Eingliederung eines dritten Grundstückes erneut eine Vergrößerung der Verkaufsfläche; erstmals in einem Leipziger Warenhaus wurde eine Rolltreppe installiert. 1928 bedienten etwa 600 Angestellte die Kunden auf fast 20 000 Quadratmetern Verkaufsfläche. Nach der Enteignung der jüdischen Besitzer 1936 wurde das Warenhaus Brühl als »Kaufhaus Knoop« fortgeführt. Im Vordergrund der Abbildung sind die modernen Mitteleinstiegswagen zu sehen, die auf den Linien 4, 15 und 25 den Brühl durchfuhren und bis in die 1960er Jahre eingesetzt wurden. Am 20. Juni 1964 fand die letzte Straßenbahnfahrt über den Richard-Wagner-Platz statt.

Konsument-Warenhaus, 1979

Im Zweiten Weltkrieg schwer beschädigt, ging das Kaufhaus Brühl 1946 in den Besitz der Konsumgenossenschaft Leipzig über. 1965–1968 völlig umgebaut und erweitert, erhielt das Warenhaus eine geschwungene Aluminiumvorhangfassade, die ihm im Volksmund den Spitznamen »Blechbüchse« eintrug, obwohl es offiziell Konsument-Warenhaus hieß. Nachdem 2010 das Warenhaus und die DDR-Bauten zwischen Richard-Wagner-Straße und Brühl komplett abgerissen wurden, entsteht 2011–2012 an dieser Stelle der riesige Komplex des Einkaufszentrums »Höfe am Brühl«. Es ist geplant, ein schmales Segment der ursprünglichen Fassade von 1908 sowie die Aluminiumvorhangfassade von 1968 in den Neubau zu integrieren.

Großer Blumenberg, um 1960

Der »Große Blumenberg« (Richard-Wagner-Platz 1) war das erste Bauprojekt Albert Geutebrücks. Als 1825 die aus dem Spätmittelalter stammende Badestube an der Ranstädter Bastei abgebrochen wurde, errichtete Geutebrück unter Einbeziehung älterer Nachbarhäuser 1826–1832 ein repräsentatives klassizistisches Gebäude, das als Hotel mit Restaurant und Kaffeehaus »Am Alten Theater« sowie als Wohnhaus diente. Der Name des Hauses geht auf Tiburtius Blumenberg zurück, dem das Haus im 16. Jahrhundert gehörte. Nach einer Rekonstruktion in den 1960er Jahren, bei der die Fassade in leicht vereinfachter Form wiederhergestellt wurde, und einer erneuten umfassenden Restaurierung 2001–2003 dient es wieder als Wohn- und Geschäftshaus.

Friedrich-Engels-Platz, 1967

Am 4. Mai 1964 begann eine komplette Umgestaltung des Friedrich-Engels-Platzes (ehemals Tröndlinring und Schulplatz), die 1,2 Millionen DDR-Mark kostete. Während der Baumaßnahme wurde der gesamte Straßenbahnverkehr durch den Brühl geleitet. Unter Verwendung von 1490 Metern Gleis, 14 Weichen, einer Vierfachkreuzung, fünf einfachen Kreuzungen und zwei Bogenkreuzungen konnten die Kurvenfahrten der Straßenbahn beseitigt werden.
Am 20. August 1964 konnte die neue Gleisanlage befahren werden. Wo einst das Alte Theater gestanden hatte, befindet sich nun die Straßenbahn-Haltestelle. Die rechts neben der Reformierten Kirche zu erkennende Häuserlücke ist erst in den 1990er Jahren wieder bebaut worden

Friedrich-Engels-Platz, 1980

Zur Beschleunigung des Verkehrs und zur Erhöhung der Sicherheit entstand ab 1971 in zwei Bauabschnitten eine große Fußgängerbrücke am Friedrich-Engels-Platz. Am 24. August 1973 wurde der erste Teil freigegeben. Die 360 Tonnen schwere Brücke hatte eine Gesamtlänge von 78 Metern und verband die Dr.-Kurt-Fischer-Straße (heute Pfaffendorfer Straße) mit dem Brühl. Der zweite Bauabschnitt führte von der Brühlseite zur Friedrich-Ludwig-Jahn-Allee (heute Ranstädter Steinweg). Neben den breiten Treppen gab es an den drei Eckpunkten auch eine geneigte Ebene für Kinderwagen und Rollstuhlfahrer. Die Brücke wurde im Sommer 2004 abgerissen, seitdem sind die Haltestellen der Straßenbahn wieder zu ebener Erde zu erreichen. Auf der Karte sind sechs Tatra-Großraumzüge zu sehen. Diese Tatra T4D wurden in Prag hergestellt und in Leipzig als Typ 33 bezeichnet. Die LVB beschafften 1968–1986 insgesamt 596 Motorwagen sowie 273 Beiwagen.

Hahnemann-Denkmal, 1904

Auf dem Theaterplatz (Richard-Wagner-Platz) wurde 1851 von der Versammlung des Zentralvereins homöopathischer Ärzte Deutschlands das Denkmal für den Begründer der Homöopathie, Samuel Hahnemann (1755–1843), errichtet. Die Bronze-Figur wurde von Friedrich Wilhelm Steinhäuser in Rom gefertigt. Hahnemann hatte in Leipzig studiert und von 1812 bis 1821 in Leipzig praktiziert, wo er auch an der Universität unterrichtete. Im Hintergrund ist ein Teil der Fassade des 1875–1876 erbauten Gebäudes der Leipziger Lebensversicherungsgesellschaft zu sehen, der 1912–1915 durch den Erweiterungsbau das Kaufhauses Brühl ersetzt wurde.

Schlachthof am Fleischerplatz um 1885, Karte 1899

Zwischen Fleischerplatz und Pleißemühlgraben ließ der Leipziger Rat 1656 einen großen Schlachthof mit mehreren Gebäuden erbauen. Fortan durften die Fleischer das große Vieh (mit Ausnahme der Schafe und Kälber) nur noch hier schlachten. Der an der Rückseite gelegene, offene Pleißemühlgraben diente zweihundert Jahre lang zur Entsorgung der Abfälle – mit allen damit verbundenen hygienischen Problemen. Der Schlachthof war bis zum Neubau des Städtischen Vieh- und Schlachthofes an der Altenburger Straße im Jahr 1888 in Betrieb. Der letzte Schlachthof ist hier abgebildet, er befand sich zwischen der Feuerwache und den bereits errichteten großen Wohnhäusern hin zum Schulplatz.

8 THOMASRING (DITTRICHRING)

Der Dittrichring ist ein Teil des Westrings zwischen der Töpferstraße am Fleischerplatz und der Schulstraße am Plato-Dolz-Denkmal. Damals noch unter dem Namen »An der Pleiße« wurde diese Ringstraße um den Barfußberg mit der Neukirche (Matthäikirche) herum geführt. Weitere frühere Namen wie »Am Ranstädter Zwinger« und im anderen Abschnitt »Am Thomaszwinger« deuten auf die damalige Bebauung hin. Ein Teilstück trug ab 1839 den Namen »An der Pleiße«. 1898 erfolgte die Umbenennung in Thomasring (auch Thomas-Ring), bis er 1917 endgültig in Dittrichring umbenannt wurde. Dr. Rudolf Dittrich (1855–1929) wirkte seit 1899 als Bürgermeister und 1908–1917 als Oberbürgermeister von Leipzig. Bei seinem Ausscheiden wurde er zum Ehrenbürger der Stadt ernannt, in diesem Zusammenhang erfolgte auch die Straßenbenennung. In seine Amtszeit fielen u. a. der Bau des Leipziger Hauptbahnhofs sowie der Bau des Ausstellungsgeländes, auf dem später die Technische Messe stattfand.

Die Gebäude auf der Innenstadt-Seite (von der Schulstraße zum Fleischerplatz) erhielten gerade Zahlen.

Nr. 2: Eckhaus an der Schulstraße: Wohnhaus mit Drogerie
Nr. 4: Hotel Reichshof
Nr. 6: Augustinerbräu, später Weinhaus mit Kellergewölbe
Nr. 8, Eckhaus am Thomaskirchhof: Café Kaiserhof
Es folgen die Thomasschule und die Thomaskirche (zählen zum Thomaskirchhof).
Eckhaus gegenüber der Kirche: Bankhaus Meyer und Co. (Thomaskirchhof 20)
Nr. 10: Wohn- und Bürohaus, 1903–1904 vom Leipziger Architekten Paul Möbius erbaut
Nr. 12: Pfarrhaus der Thomas-Gemeinde, seit 2010 Matthäi-Haus
Nr. 14: Wohn- und Bürohaus, 1904–1906 vom Leipziger Architekten August Hermann Schmidt erbaut, der hier bis zu seinem Tod 1942 lebte
Nr. 16: Wohn- und Bürohaus, heute u. a. Galerie Martin Koenitz
Eckhaus an der südlichen Ecke des Barfußgäßchens: Wohn- und Bürohaus (Barfußgäßchen 15), heute u. a. Restaurant »100 Wasser«
Eckhaus an der nördlichen Ecke des Barfußgäßchens: Wohn- und Bürohaus (Barfußgäßchen 12), heute u. a. Restaurant »Kartoffelhaus«, Bar, Kneipe und Disco »Pflaumenbaum«, Bäckerei »Steinecke«
Nr. 18–20: Geschäftshaus Wünschmanns Hof
Nr. 22–24: Leipziger Feuerversicherungsanstalt, Bezirksverwaltung Leipzig des Ministeriums für Staatssicherheit der DDR (»Runde Ecke«)

Für die Gebäude auf der gegenüberliegenden, westlichen Straßenseite wurden die ungeraden Zahlen vergeben:

Nr. 1, gegenüber dem Plato-Dolz-Denkmal: Dorotheenhof
Nr. 3a bis 3e: Lurgensteins Garten
Nr. 5: Kaffeehaus Merkur (1877 als Café Carola eröffnet)
Nr. 7: Wohn- und Geschäftshaus
Nr. 5–7: Dresdner Bank (Neubau von 1995–1996)
Nr. 9: Thomasmühle
Nr. 11: Brandversicherungsinspektion
Eckhaus an der Gottschedstraße: Kosmoshaus (Gottschedstraße 32)
Nr. 13: Centralhalle, Kommandantur
Nr. 15: Place de Repos
Nr. 17: Haus des Verbands reisender Kaufleute Deutschlands
Nr. 19: Cajeri's Restaurant, Centraltheater, Schauspielhaus
Nr. 21: Barfußmühle und Herrenhaus in Lehmanns Garten, Leipziger Lebensversicherungsgesellschaft, Darmstädter- und Nationalbank, Haus der Deutsch-Sowjetischen Freundschaft, Hochschule für Musik und Theater

Obwohl die Nummerierung vom Rathaus her erfolgt ist, setzen wir unseren Rundgang in umgekehrter Reihenfolge fort.

Thomasring, um 1900

Der Blick geht vom Turm der Thomaskirche über den Thomasring hin zur Feuerwache am Fleischerplatz. Links neben der Feuerwache sieht man die zum Naundörfchen gehörigen Gebäude. Davor ist die Lessingbrücke zu erkennen, die den Fleischerplatz mit der Lessingstraße verbindet; der noch wenige Jahre zuvor offene Pleißemühlgraben ist nun entlang des Thomasrings überwölbt und der Ring verbreitert. Auf der linken Seite des Thomasrings stehen moderne gründerzeitliche Gebäude, die erst in den Jahren zuvor errichtet worden waren, während auf der rechten Seite noch die alte Bebauung am Töpferberg zu sehen ist.

Stadtgraben an der Ranstädter Bastei um 1800, Karte 1898

Der Betrachter befindet sich etwa vor der heutigen »Runden Ecke« und blickt nach Südosten in Richtung Barfußgäßchen. Es handelt sich um den letzten, noch nicht aufgefüllten Teil des Stadtgrabens. Zwischen der Barfußpforte und der südlich folgenden Thomaspforte hatte man bereits 1702 damit begonnen, den Stadtgraben aufzuschütten und eine mit Bäumen bepflanzte Allee, die so genannte Promenade, anzulegen. Auf dieser Allee, die 1748 bis zum Peterstor und bis 1800 um fast die gesamte Innenstadt herum verlängert wurde, konnte man herrliche Spaziergänge unternehmen.

Promenade zwischen Barfußpforte und Thomaskirche um 1790, Karte 1898

Diesmal steht der Betrachter etwa vor dem heutigen Gebäude »Wünschmanns Hof« und blickt von der Barfußpforte nach Süden. Rechts ist die 1702 angelegte Promenade zu sehen. Bei den Häusern am Thomaszwinger handelt es sich um die Rückgebäude der Klostergasse, darunter links das »Hôtel de Saxe« (Klostergasse 9, erbaut 1717) und daneben das Kloster (Klostergasse 5, erbaut 1753 bis 1755). Im Hintergrund sind der Turm und das hohe Dach der Thomaskirche zu sehen.

Töpferstraße, um 1905

Entlang des alten Stadtgrabens führte die Töpferstraße vom Ranstädter Tor (Richard-Wagner-Platz) zum Matthäikirchhof. Sie ist rechts neben der breiten Ringstraße und etwas höher gelegen als der Fleischerplatz zu sehen. Der Straßenzug beginnt links hinten mit der Nebenseite des »Großen Blumenbergs«, die 1858 anstelle des größeren Rückgebäudes erbaut wurde. Es folgen »Zur goldenen Krone« (Nr. 1), ein einfaches Haus mit einem Obergeschoss von etwa 1780, »Zum goldenen Schiff« (Nr. 2), um 1740 errichtet und später stark überbaut, das Hotel »Stadt Gotha« (Nr. 3) sowie an der Ecke des Matthäikirchhofs der große helle Neubau von 1870 (Nr. 4). Das Gebäude gegenüber mit der hellbraunen Fassade mit der Terrasse nach dem Zwinger zu ist Müllers Hotel (Matthäikirchhof 12–13), 1869 errichtet und in den 1890er Jahren umgebaut. Dahinter angeschnitten ist der Giebel der Matthäikirche.

Blick zum Matthäikirchhof, um 1905

Der Blick geht an Müllers Hotel (rechts, Matthäikirchhof 12–13) vorbei zum Matthäikirchhof, dem wahrscheinlich ältesten Siedlungsplatz der nachmaligen Stadt Leipzig. Man vermutet, daß die 1015 erstmals erwähnte »urbs libzi« auf der hochwasserfreien Kuppe des Barfüßerbergs gestanden hat. Im Mittelalter befand sich hier der Kirchhof des Franziskanerklosters, der 1503 als Barfüßerkirchhof urkundlich erwähnt ist.

Matthäikirche, um 1900

Die 1239 gegründete Matthäikirche wurde 1488–1504 als spätgotische zweischiffige Hallenkirche umgebaut. Ab 1552 diente das Gebäude als Lagerraum, erst 1699 wurde es unter der Bezeichnung Neukirche wieder für Gottesdienste eröffnet. 1876 gründete sich die Matthäigemeinde, die 1879–1880 durch Oskar Mothes umgebaute Neukirche wurde zur Pfarrkirche erhoben und erhielt 1894 den Namen Matthäikirche. Beim Bombenangriff am 4. Dezember 1943 brannte die Kirche mit ihrer barocken Ausstattung völlig aus und wurde 1948 abgebrochen.

Töpferplatz um 1890, Karte um 1900

Die Ansichtskarte bietet den unmittelbaren Anschluss an die Abbildung auf Seite 92 unten. Zu sehen sind die Häuser am Knick zwischen Fleischerplatz und Thomasring (Dittrichring). Ihrer Adresse nach gehörten sie alle zum Neukirchhof (Nr. 1–13), der 1894 in Matthäikirchhof umbenannt wurde. Die Namen »Töpfermarkt« bzw. »Töpferplatz« waren keine amtlichen Straßenbezeichnungen, sondern entstanden im Volksmund in Anlehnung an die Verkaufsstände der Töpfer, die hier ihre Waren feilboten. Über den Dächern ist der Turm der Matthäikirche zu sehen. Das helle Eckhaus (Neukirchhof 8) ist das Geschäftshaus des bekannten Leipziger Fotografen Hermann Walter mit einem vorgebauten Atelier. Links daneben steht das Doppelhaus der »Liqueur- und Essenzen-Fabrik Carl Chryselius« (Neukirchhof 9–10). Ganz links ist wieder Müllers Hotel (Matthäikirchhof 12–13) zu sehen.

Handel am Töpferplatz, 1902

Auf dem Töpferplatz wurde bei Wind und Wetter und nicht nur während der Messen mit Töpfen und Pfannen, Steingut und Porzellan gehandelt. Die Aufnahme ist vor Müllers Hotel (Matthäikirchhof 12–13) entstanden; im Hintergrund sind das Alte Theater und der Turm der Reformierten Kirche zu sehen.

Blick vom Töpferplatz zur Matthäikirche, um 1900

Die Karte zeigt die Südwestseite des Töpferplatzes. Die Häuser beginnen links mit dem Eckhaus des Fotografen Hermann Walter (Neukirchhof 8) und reichen nach rechts bis zur Einmündung des Matthäikirchhofes. Seit 1913 befinden sich hier das monumentale Geschäftshaus der Leipziger Feuerversicherungsanstalt.

Leipziger Feuerversicherungsanstalt, 1913

1910–1911 wurden die alten Häuser am Töpferplatz bis an Müllers Hotel heran abgerissen (Matthäikirchhof 1–11) und 1912–1913 durch den monumentalen Neubau des Gebäudes der Leipziger Feuerversicherungsanstalt ersetzt, das von den Architekten August Hermann Schmidt und Arthur Johlige erbaut wurde; die Fassade wurde nach Entwürfen von Hugo Licht gestaltet. Das Haus erhielt die Adresse Thomasring 22–24. Nach der Befreiung Leipzigs bezog für wenige Monate die US-Armee Quartier in dem Haus, anschliessend der sowjetische Geheimdienst NKWD und der MfS-Vorläufer K5. 1950 wurde das Gebäude Sitz der Bezirksverwaltung für Staatssicherheit und blieb es bis 1989. In Anspielung auf seine Architektur erhielt das Haus den Spitznamen »Runde Ecke«.

Leipziger Feuerversicherungsanstalt, 1914

Der Blick geht vom Turm der Thomaskirche zur südwestlichen Seite der Leipziger Feuerversicherungsanstalt. 1989 erlangte die »Runde Ecke« weltweite Bekanntheit. Am Abend des 4. Dezember 1989 besetzten Leipziger Bürger das Gebäude und beendeten damit die Allmacht des DDR-Geheimdienstes. Heute nutzen die Außenstelle Leipzig der Bundesbehörde für die Stasi-Unterlagen, das »Museum in der Runden Ecke« und das Leipziger Schulmuseum die Räume. Rechts neben der »Runden Ecke« ist Wünschmanns Hof zu sehen, auf der anderen Straßenseite, links im Bild, steht das Eckhaus an der Gottschedstraße, die Kommandantur.

Wünschmanns Hof, um 1910

Bereits 1906 wurden die rechts von der Einmündung des Matthäikirchhofs in den Thomasring gelegenen Häuser abgerissen, die zur Kleinen Fleischergasse 21–31 gehörten. An ihrer Stelle entstand 1908-1909 das prachtvolle Geschäftshaus »Wünschmanns Hof« (Thomasring 18–20), umringt von Thomasring, Matthäikirchhof, Großer Fleischergasse und Barfußgäßchen und benannt nach seinem Architekten und Besitzer Georg Wünschmann. 1995–1997 wurde das Haus aufwendig saniert; heute befinden sich hier u. a. die SEB-Bank, das Restaurant »Telegraph« und der Friseursalon Trostdorf.

Märchenbrunnen, 1906

In den Promenadenanlagen in der Nähe der Thomaskirche entstand 1906 der Märchenbrunnen. Der Bronzeguss stammte aus der Gießerei von Brückner und Noack und wurde von Josef Mágr ausgeführt. Das etwa 10 Meter lange Monument besteht aus einem Mittelbau mit den Figuren Hänsel und Gretel, darüber der Kopf der Knusperhexe, sowie zwei Flügeln, in die Ruhebänke eingelassen sind. Das Denkmal wurde 1942 eingeschmolzen und in den 1960er Jahren nach Entwürfen von Hanna Studnitzka und Elfriede Ducke neu geschaffen.

Barfußmühle, 1898

Die 1285 erbaute Barfußmühle befand sich am südlichen Ende des Fleischerplatzes, am Beginn des Thomasrings. Neben der Nonnenmühle und der Thomasmühle war sie die dritte der an der Westseite der Stadt am Pleißemühlgraben gelegenen Mühlen. 1503 ging die Barfußmühle in städtischen Besitz über. Sie war bis zum Abriss 1898 in Betrieb. In den unteren Etagen befand sich zuletzt die Glaswaren-Handlung von L. F. Born, während im rechten Teil des Gebäudes das Restaurant »Barfußmühle« untergebracht war. Seit 1908 steht etwa an dieser Stelle das von der Leipziger Lebensversicherung errichtete Gebäude (Thomasring 21).

Haus der Leipziger Lebensversicherung, 1910

Die Leipziger Lebensversicherungsgesellschaft, eine der größten Versicherungen Deutschlands, errichtete 1908, im Jahr ihres 75jährigen Bestehens, am Thomasring 21 ein monumentales Gebäude von 2450 Quadratmetern nach Entwürfen des Architekten Anton Kaeppler. Auf halbhohen Pfeilerpodesten stehen zwei etwa drei Meter hohe athletische Figuren, die kraftvoll das Gebälk der Portalüberdachung stützen. Das Haus überstand den Krieg und wurde während der DDR-Zeit als »Haus der Deutsch-Sowjetischen Freundschaft« genutzt. Nach der Wende erwarb der Freistaat Sachsen das Haus und baute es 1998–2002 um. Heute sind hier Außenstellen der Hochschule für Musik und Theater »Felix Mendelssohn Bartholdy« und der Musikschule »Johann Sebastian Bach« untergebracht.

Cajeri's Restaurant, 1897

Neben der Barfußmühle befand sich der Eingang zum Klein-Boseschen Garten, wie der bald über die Stadtgrenzen hinaus bekannte Garten des Kaufmanns Georg Bose genannt wurde; im 19. Jahrhundert hieß er nach seinem damaligen Besitzer dann Lehmanns Garten. Links davon befand sich ein Restaurant, das 1859 von dem Koch und Restaurateur H. M. Cajeri gegründet wurde. Als 1881 die Parzellierung und systematische Bebauung von Lehmanns Garten begann, siedelte Cajeri nach Gohlis über, wo er das neue Restaurant »Ohne Bedenken« in der Menckestraße eröffnete. Nach dem Abriss von Cajeri's Restaurant entstand hier 1901–1902 das Centraltheater.

Centraltheater mit Café, 1905

Auf der linken Seite der Bosestraße (im Bild nach rechts weisend) entstand in den ersten Jahren des 20. Jahrhunderts das Centraltheater (Thomasring 19), das am 30. August 1902 eröffnet wurde und als Operettentheater fungierte (neben dem Alten Theater als Sprechtheater und dem Neuen Theater als Opernhaus). In ihm befanden sich Theater-, Konzert-, Ball- und andere Festsäle sowie ein Café und ein Restaurant.

Schauspielhaus, um 1960

Das Centraltheater wurde im Zweiten Weltkrieg schwer getroffen. 1945–1946 zunächst provisorisch ausgebaut, entstand 1955–1956 hier das Schauspielhaus nach Entwürfen der Architekten Karl Souradny, Rolf Brummer und Franz Herbst mit Fassaden zum Dittrichring und zur Bose- und Gottschedstraße. Nach der jüngsten Sanierung bietet das Haus noch 648 Zuschauern Platz (1902: 1079, 1956: 750). Seit 2008 trägt das Theater wieder seinen ursprünglichen Namen; die Adresse lautet Bosestraße 1. Die Karte zeigt die Ecke Bosestraße und Gottschedstraße.

Geschäftshaus des Verbands reisender Kaufleute Deutschlands, um 1905

Links neben dem Centraltheater entstand 1901 das Geschäftshaus des »Verbands reisender Kaufleute Deutschlands« (Thomasring 17), das u. a. über einen großen Festsaal und eine eigene Bibliothek verfügte. Der Verband war 1884 im Saal der Leipziger Buchhändlerbörse an der Ritterstraße gegründet worden. Ziel dieses Zusammenschlusses der Berufsreisenden waren die »Pflege eines einheitlichen Standesbewusstseins«, die Wahrung der Berufsinteressen sowie die gegenseitige Unterstützung und die soziale Absicherung der Mitglieder. 1929 verlegte der Verein seinen Sitz nach Berlin. Das Haus wurde im Krieg zerstört und durch einen schlichten Neubau ersetzt.

Plato-Dolz-Denkmal, 1905

Aus rein typographischen Gründen machen wir ausnahmsweise einen Sprung ans Ende des Thomasrings. Am Ausgang der Schulstraße befand sich ehemals die Ratsfreischule, die am 16. April 1792 unter Bürgermeister Carl Wilhelm Müller mit 171 Schülern wenig bemittelter Eltern eröffnet wurde. Karl Gottlieb Plato amtierte 1792–1833 als Direktor, Johann Christian Dolz 1800–1833 als Vizedirektor und bis 1843 als Direktor. 1894 wurde das Plato-Dolz-Denkmal in den Grünanlagen des Thomasrings vor der Schulstraße nach Plänen von Baurat Georg Weidenbach errichtet. Das Denkmal ist in der Grundform einer dreiseitigen Pyramide aufgebaut.

Nördlicher Teil des Thomasrings, 1910

Die Ansicht vermittelt einen Eindruck von der Gesamtsituation des nördlichen Teils des Thomasrings. Die Geschäfts- und Wohnhäuser auf der linken Seite (Thomasring 10–16) bis hin zur Thomaskirche wurden um 1900 errichtet. Das Haus Thomasring 12 (hinter dem Märchenbrunnen) wurde 1903 als Pfarrhaus für die Thomasgemeinde nach Entwürfen der Leipziger Architekten Georg Weidenbach und Richard Tschammer gebaut. Der Neubau war fällig geworden, weil die drei Predigerhäuser am Thomaskirchhof 1907 abgerissen werden sollten. An ihrer Stelle steht seit 1911 das heutige „Haus der Kirche". Zur Erinnerung an die zerstörte Matthäikirche trägt das Gebäude seit 2010 der Namen Matthäi-Haus. Auf der rechten Seite erkennt man ganz rechts das Centraltheater und links daneben das Geschäftshaus des Verbands reisender Kaufleute Deutschlands, gefolgt von der Kommandantur.

Gesellschaftshaus »Place de repos«, 1898

Gegenüber der Barfußpforte errichtete der Cafétier Georg Wilhelm Richter im ehemaligen Hoeschen Garten 1793 im Stil des Klassizismus das Gesellschaftshaus »Place de repos« (deutsch: Ruheplatz, im Volksmund: Pflasterdepot) an der Promenade, dem heutigen Dittrichring 15. Das Haus bestand aus einem riesigen Saalbau mit anschließendem Kasinogarten. Nach der Völkerschlacht 1813 diente das Gebäude als Lazarett, und 1817 wurde im Seitengebäude das »Theater an der Pleiße« eröffnet. Das Haus wurde im April 1898 abgebrochen und an seiner Stelle 1900–1901 ein Geschäftshausneubau errichtet.

Thomaskirche und Thomasschule, 1900

Die Thomaskirche wurde 1482–1496 auf dem Grund eines älteren Vorgängerbaus errichtet. Mit der Einführung der Reformation 1539 wurde sie evangelisch. 1880–1889 wurde die Kirche grundlegend umgebaut, die gesamte barocke Ausstattung wurde entfernt und neogotisch ersetzt. Die bis dahin schmucklose Fassade zum Thomasring wurde 1886 als Hauptfassade mit neogotischem Portal gestaltet. Auf der Ansichtskarte sehen wir einen Triebwagen der Leipziger Elektrischen Straßenbahn als Linie 4 in Richtung Möckern, der aus der Grimmaischen Straße kommt und über die Gottschedstraße und das Rosental nach Möckern in die Kirschbergstraße weiterfährt.

Thomasschule, um 1900

1553 erhielt die Thomasschule ein neues Schulgebäude direkt neben der Thomaskirche, das 1731 nach Plänen von George Werner grundlegend umgebaut und um mehrere Stockwerke vergrößert wurde. Zur Einweihung am 5. Juni 1732 erklang die Kantate »Froher Tag, verlangte Stunden« von Johann Sebastian Bach. Der damals viergeschossige Bau mit dem dreigeschossigen Dach zählte zu den größten Häusern am Thomasring und stand bis 1901. Unmittelbar nach der Fertigstellung zog der damalige Thomaskantor Johann Sebastian Bach ein und lebte hier mit seiner Familie bis zu seinem Tod im Jahr 1750. 1877 entstand in der Schreberstraße ein Neubau, dem 1881 das Alumnat (Internatsgebäude) folgte. 1902 wurde die alte Thomasschule abgerissen und durch den Neubau der Superintendentur ersetzt.

Thomaskirche und Superintendentur, um 1910

Nach dem neogotischen Umbau der Thomaskirche in den Jahren 1880–1889 und dem Abriss der alten Thomasschule 1902 entstand 1903–1904 das neogotische Gebäude der Superintendentur nach Entwürfen der Architekten Georg Weidenbach und Richard Tschammer. Seit dem Umzug der Superintendentur ins gegenüberliegende Haus Burgstraße 1–5 im Jahr 2000 trägt das Gebäude den Namen Thomas-Haus.

Das alte Bach-Denkmal, 1903

In den Anlagen an der Thomaspforte nahe der Thomaskirche, unter den Fenstern der alten Thomasschule, wurde am 23. April 1843 auf Initiative von Felix Mendelssohn Bartholdy das weltweit erste Bach-Denkmal errichtet. Der Entwurf stammte von dem Dresdner Akademieprofessor Eduard Bendemann, die Ausführung übernahm der Leipziger Bildhauer Hermann Knauer. Bei der Enthüllung war auch der 81jährige Enkel Bachs anwesend, der mit Frau und zwei Töchtern aus Berlin angereist war. Heute steht das Denkmal etwas versetzt in den Grünanlagen.

Rathausring, um 1930

Vom Flugzeug aus schauen wir auf den Rathausring und das Neue Rathaus an der Südwestecke der Leipziger Innenstadt. Rechts im Bild an der Ecke zwischen Rathausring und Nonnenmühlgasse steht das spitz verlaufende Gebäude des Stadtsteueramts (Rathausring 5), das ebenso wie die rechts daneben befindlichen Häuser (Rathausring 1 und 3) Kriegsverlust ist – heute führt eine breite Auto- und Straßenbahntrasse darüber hinweg. Links unten ist der Beginn der Weststraße zu erkennen, heute durch eine Grünfläche ersetzt.

Straßenszene am Übergang vom Thomasring zum Rathausring, 1912

Hinter den Bäumen ist auf der linken Seiten das Hotel »Reichshof« (Thomasring 4) zu sehen, gefolgt vom Eckhaus an der Schulstraße und dem Geschäftshaus Berger & Voigt (Rathausring 10) an der Ecke der Markgrafenstraße, hinter dem sich der Turm des Neuen Rathauses erhebt. Auf der gegenüberliegenden Straßenseite, wo die Sonne aus der Otto-Schill-Straße auf das Pflaster scheint, geht der Thomasring in den Rathausring über. Rechts sehen wir einen Teil des Dorotheenhofs (Thomasring 1), gefolgt von mehreren Häusern, die 1914–1915 durch den Neubau des »Lipanum«-Hauses ersetzt werden. Die Straßenbahn-Linie D im Vordergrund ist unterwegs von Dölitz nach Gohlis.

Reichels Garten, 1900

Westlich der Innenstadt, zwischen Thomaskirche und Pleißenburg, entstand zu Beginn des 18. Jahrhunderts der ausgedehnte Barockgarten des Fabrikanten und Handelsherrn Andreas Dietrich Apel. Auf dem vorderen Teil am Pleißemühlgraben ließ Apel eine Manufaktur, Färberei und Wohngebäude für die Arbeiter errichten. 1786 ging der Garten an den Kaufmann Erdmann Traugott Reichel über und hieß fortan Reichels Garten. Reichels Enkel, der Rechtsanwalt Carl Heine, ließ den Garten ab 1844 parzellieren und schrittweise mit der heutigen Inneren Westvorstadt bebauen. Die alten Manufakturgebäude am Rathausring wurden erst 1914–1915 durch Peter Dybwads Geschäftshaus »Lipanum« ersetzt.

Das »Hufeisen«, um 1910

Das »Hufeisen« war ein großer Wohnblock, der 1846–1847 erbaut wurde und wegen seiner Bauform zunächst im Volksmund, seit 1906 auch offiziell so genannt wurde. Die Mitteleingänge gehören zum Rathausring (Hausnummer 7), der Eingang des linken Teils des Gebäudes gehört zur Rudolphstraße 2. Am rechten Bildrand ist die Seitenfassade des Wohnhauses mit der Adresse Rathausring 9 zu sehen, dem sich der Alte Amtshof anschließt. Der »Alte Amtshof« wurde nach dem ursprünglich dort gelegenen kurfürstlichen Amt benannt. Die Gebäude gingen alle im Zweiten Weltkrieg unter, wurden 1963 abgebrochen und ab 1985 durch Neubauten ersetzt.

Katholische Kirche, 1907

Die katholische Probsteikirche St. Trinitatis (Rudolphstraße 1–2) stand auf einem kleinen Platz zwischen der Weststraße (links) und der Rudolphstraße (rechts mit der Seitenfront des »Hufeisens«). Die Kirche wurde nach Plänen des Kirchenbaumeisters Karl Alexander Heideloff aus Nürnberg auf dem Freiplatz gegenüber der Pleißenburg errichtet und am 19. September 1847 eingeweiht. Am 4. Dezember 1943 wurde die Kirche von Bomben getroffen und brannte völlig aus. Nach dem Krieg wurde das gesamte schwer zerstörte Gebiet um die Kirche planiert und durch eine Grünfläche ersetzt. Vor der Kirche war seit 1891 ein Gedenkstein zur Erinnerung an Theodor Körner aufgestellt, der nach dem Krieg am Martin-Luther-Ring wieder aufgestellt wurde.

Rathausring mit der Loge »Minerva«, 1912

Südlich der Katholischen Kirche stand an der Ecke von Weststraße und Rathausring das Haus der Freimaurerloge Minerva (Weststraße 1), das an den noch offenen Pleißemühlgraben angrenzte. Ihrm gegenüber ist das »Hufeisen« an der Rudolphstraße zu sehen. Ganz links im Bild befindet sich die erste Villa an der Karl-Tauchnitz-Straße (Nr. 2); der kleine Turm im Vordergrund gehört zur Karl-Tauchnitz-Brücke. Im Hintergrund erkennt man den kleinen Dachreiter der Matthäikirche. Auf dem Rathausring sind zwei Straßenbahnen der Großen Leipziger Straßenbahn als Linien S (Plagwitz – Sellerhausen) unterwegs.

Loge »Minerva«, 1909

Der Blick in die Gegenrichtung zeigt rechts den Neubau der Freimaurerloge Minerva, einen Neorenaissancebau mit Giebel-Relief. Die Loge »Minerva zu den drei Palmen« wurde 1741 unter dem Namen »Zu den drei Zirkeln« gegründet. Im Laufe der Zeit entwickelte sie sich zu einer der größten Logen Deutschlands. Das Gebäude an der Weststraße 1 wurde am 17. September 1905 feierlich eingeweiht. 1935 wurde die Loge enteignet, das Gebäude wurde als Messehaus »Haus der Nationen« verwendet. Im Weltkrieg durch Bomben schwer beschädigt, wurde es 1957 abgetragen. Heute befindet sich hier eine weiträumige Grünanlage. Links im Hintergrund ist die geschlossene Bebauung entlang des Rathausrings, der Nonnenmühlgasse und der Harkortstraße (gegenüber dem Reichsgerichtsgebäude) zu erkennen.

Kaufmännisches Vereinshaus, um 1905

Zwischen der Schulstraße (heute Ratsfreischulstraße) und der Markgrafenstraße befindet sich das Kaufmännische Vereinshaus (Schulstraße 5) des 1858 gegründeten Leipziger Kaufmännischen Vereins. Es wurde 1875–1877 durch den Leipziger Architekten Bruno Leopold Grimm an der Stelle der 1873 abgerissenen Ratsfreischule errichtet. Das opulent ausgestattete Haus verfügte im ersten Obergeschoss über einen Festsaal, der wegen seiner viel gelobten Akustik auch als Konzert- oder Vortragssaal genutzt wurde. Im Dezember 1943 wurde das Haus zerstört. Mitte der 1990er Jahre entstand an seiner Stelle ein sechsgeschossiges Bürohaus für die Hypo-Vereinsbank. Das folgende Eckhaus an der Markgrafenstraße, das Geschäftshaus der Kurzwaren-Großhandlung Berger & Voigt, ist das letzte Haus am Rathausring mit der Hausnummer 10. Diese Ecke ist nach den Kriegszerstörungen bis heute nicht wieder bebaut worden.

Schlosstor an der Pleißenburg um 1770, Karte 1898

Das Schlosstor der Pleißenburg befand sich gegenüber der späteren West- und Rudolphstraße und führte über die Promenade und den Pleißemühlgraben in den Rudolphschen Kaffeegarten hinüber, der in holländisch-französischem Geschmack angelegt und mit vielen Lauben versehen war. Im Hintergrund ist die Thomaskirche zu sehen. Das Gelände dazwischen war noch um 1770 nur mit den so genannten Schlossbaracken, den Wohnungen der Schlosssoldaten, bebaut. Erst um 1780 ließ der Stadtrat entlang der Schulgasse mehrere zwei Stockwerk hohe und unter einem Dach fortlaufende Häuser als Wohnungen errichten.

Pleißenburg, 1897

An der Stelle, an der heute das Neue Rathaus steht, befand sich bis 1897 die Pleißenburg. Markgraf Dietrich von Meißen ließ 1296 an dieser Stelle eine seiner drei Zwingburgen bauen. 1549–1569 wurde die Burg unter der Leitung von Hieronymus Lotter zur Festung ausgebaut. Der Grundriss bildete ein rechtwinkliges Dreieck, dessen Spitze nach Südwesten zeigte. Ab 1765 hatten die von Adam Friedrich Oeser geleitete »Zeichnungs-, Mahlerey- und Architectur-Academie« (die heutige Hochschule für Grafik und Buchkunst) und 1838–1876 die von Albert Geutebrück geleitete Baugewerkeschule (ein Vorläufer der heutigen Hochschule für Technik, Wirtschaft und Kultur) ihren Sitz auf der Pleißenburg. Ab 1830 diente die Pleißenburg wieder als militärisches Objekt, zuletzt als Garnison des 107. Infanterie-Regiments.

Neues Rathaus, um 1910

1895 kaufte die Stadt Leipzig die Pleißenburg für über 4 Millionen Mark und ließ sie ab 1897 abreißen, um auf dem Gelände nach Plänen des Architekten und Leipziger Stadtbaudirektors Hugo Licht das Neue Rathaus zu errichten. Der Monumentalbau dauerte bis 1905. Das Rathaus bedeckt eine Grundfläche von mehr als 10 000 Quadratmetern und enthält etwa 600 Arbeitsräume – es ist damit eines der größten Rathäuser der Welt. Der 115 Meter hohe Turm ist eines der Leipziger Wahrzeichen.

Stadthaus und Neues Rathaus, 1913

Das Neue Rathaus wurde am 7. Oktober 1905 in Anwesenheit des sächsischen Königs Friedrich August III. feierlich eingeweiht, nachdem der Umzug der Stadtverwaltung bereits im März begonnen hatte und das neue Gebäude schon im Sommer intensiv genutzt worden war. Die erste Sitzung des Rates fand am 2. September 1905 im neuen Gebäude statt. Links neben dem Neuen Rathaus wurde 1908–1912 ebenfalls von Hugo Licht das Stadthaus mit weiteren 300 Räumen errichtet. Durch einen Verbindungsgang über die Lotterstraße hinweg konnten die Stadtangestellten von einem Gebäude in das andere wechseln.

Burgplatz mit Rathausbrunnen, um 1905

Beim Neubau der Rathauses (links) und des Stadthauses (rechts) entstand auf der Innenstadtseite der Burgplatz, der früher zum Inneren der Pleißenburg gehört hatte. Die beiden Verwaltungsgebäude sind durch einen zweigeschossigen Gang über die Lotterstraße hinweg miteinander verbunden. Rechts vorbei am Stadthaus gelangt man auf der Markgrafenstraße wieder zum Ring an die Stelle, an der der Thomasring in den Rathausring übergeht.

Deutsche Bank, 1909

Parallel zum Bau des Neuen Rathauses entstand 1898–1901 nach Plänen von Arwed Roßbach auf dem dreieckigen Grundstück des Ostflügels der Pleißenburg der Monumentalbau der Leipziger Filiale der Deutschen Bank (Rathausring 2). Das im Stil italienischer Hochrenaissance errichtete Gebäude. Nach 1949 wurde das Haus von der Staatsbank der DDR genutzt. Seit 1990 beherbergt es wieder die Leipziger Filiale der Deutschen Bank. Der Bau ist überreich mit bildkünstlerischem Schmuck dekoriert. Beachtenswert ist auch die Schalterhalle im Erdgeschoss.

Nonnenmühle und Wasserkünste um 1800, Karte 1898

An der Südwestecke der alten Stadt, gegenüber der Pleißenburg auf dem Gelände der heutigen Kreuzung von Harkortstraße und Martin-Luther-Ring, befand sich die Nonnenmühle, die erste der vier am Pleißemühlgraben gelegenen Mühlen (gefolgt von Thomas-, Barfuß- und Angermühle). Sie gelangte bei Aufhebung des Nonnenklosters 1543 an die Stadt und wurde erst 1890 abgebrochen, als die Karl-Tauchnitz-Straße angelegt wurde. Zur Mühle gehörten zwei so genannte Wasserkünste (»Rote Kunst« seit 1561 und »Schwarze Kunst« seit 1670), deren Pumpen für die Belieferung der Stadt mit Wasser sorgten; sie waren in den beiden im Bild zu sehenden Turmbauten untergebracht.

Nonnenmühle um 1885, Karte um 1890

Mit dem rasanten Wachstum der Stadt genügte die Wasserversorgung über die beiden Wasserkünste der Nonnenmühle nicht mehr. 1866 begann man, von den Connewitzer Bauernwiesen Pleißen- und Grundwasser vermischt nach einem Sammelbecken bei Probstheida zu pumpen, von wo aus es in der Stadt verteilt wurde. Die alten Wasserkünste an der heutigen Harkortstraße wurden abgerissen, 1890 fiel dann auch die Nonnenmühle den Neubauten an der Karl-Tauchnitz-Straße zum Opfer.

Die Nonnenmühle
(an ihre Stelle ist 1890 die Tauchnitzstraße mit modernen Villenbauten getreten)

Karl-Tauchnitz-Brücke, 1904

Auf dieser Ansicht von 1904 blicken wir vom Rathausring in die Harkortstraße. Wir sehen den Verlauf des Pleißemühlgrabens und dahinter das monumentale Gebäude des 1888–1895 errichteten Reichsgerichts. Die Brücke über den Pleißemühlgraben wurde 1891 an der Stelle der abgebrochenen Nonnenmühle erbaut, um die Karl-Tauchnitz-Straße mit der Straße »An der Pleiße« (später Rathausring, dann Martin-Luther-Ring) zu verbinden. 1896 erhielt die Brücke amtlich den vorher schon inoffiziell gebräuchlichen Namen Karl-Tauchnitz-Brücke. Im Zuge der Überwölbung des Pleißemühlgrabens im Jahr 1955 wurde die Tauchnitz-Brücke 1957–1958 abgebrochen. Im Jahr 2000 wurde der Pleißemühlgraben wieder freigelegt, so wie wir ihn heute sehen können.

10 KÖNIGSPLATZ (WILHELM-LEUSCHNER-PLATZ)

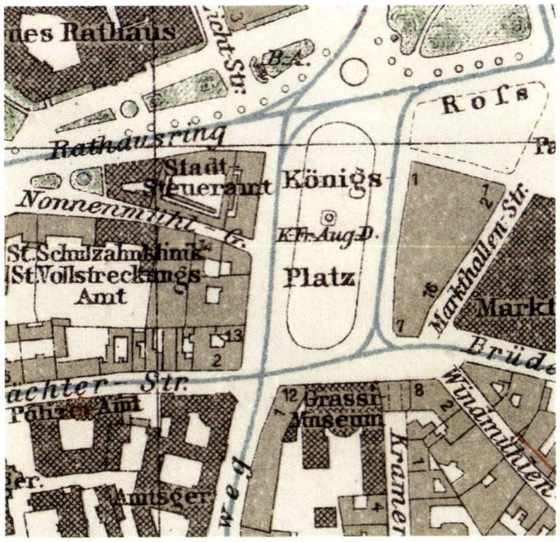

Die südlich der Leipziger Altstadt gelegene Freifläche entstand im Jahr 1547, als im Schmalkaldischen Krieg die ursprünglich bis fast an den Stadtgraben heran reichende südliche Vorstadt abgebrannt wurde. Beim Wiederaufbau der Vorstadt wurde ein Glacis (freies Schussfeld) eingerichtet, das zu den Befestigungsanlagen der Stadt Leipzig gehörte und hier vor dem Peterstor und entlang des einmal zur »via imperii« gehörenden Peterssteinwegs besonders breit war.

Im Jahr 1778 erfolgte durch den Leipziger Architekten Johann Carl Friedrich Dauthe die Planierung des Geländes und die Anlage eines rechteckigen, von Baumreihen umgebenen Platzes, der den Namen Esplanade erhielt (vorher Petersplatz genannt) und 1780 mit einem Denkmal für den sächsischen Kurfürsten Friedrich August III. (den späteren König Friedrich August I.) geschmückt wurde. Bei den Straßenneubenennungen 1839 wurde die Esplanade in Königsplatz (nach dem Königsdenkmal) umgetauft. 1864 sollte der Platz eine bedeutende Aufwertung erhalten, als sich die Stadtverordneten entschlossen, auf ihm den Bau des Neuen Theaters zu errichten. Dieser Plan scheiterte allerdings am Widerstand des Architekten Carl Ferdinand Langhans, der das Theater gegenüber dem kurz zuvor entstandenen Museumsbau am Augustusplatz errichten wollte.

Im Jahr 1852 wurde durch Umbau der Hauptwache auf dem Königsplatz die erste deutsche Volksküche als Städtische Speiseanstalt eröffnet. Das einstöckige Gebäude wurde 1873 abgebrochen. 1879 wurde der Königsplatz erneut temporär überbaut, als eine Halle für die Kunstgewerbeausstellung einen Großteil seiner Fläche überdeckte. Von 1921 bis 1932 schließlich stand auf dem Königsplatz eine riesige Textilmessehalle. Ansonsten herrschte auf dem Königsplatz reges Treiben: Wochenmärkte wurden abgehalten, zur Messezeit gab es Vergnügungsbuden und ein Hippodrom, und schließlich hatte sich hier auch die beliebte Kleinmesse etabliert, die erst 1907 auf das Gelände an den Frankfurter Wiesen umzog.

In den 1920er Jahren gab es Pläne, entworfen vom Leipziger Architekten Walter Gruner, nach denen der Königsplatz durch einen hohen Messepalast, der mittels Straßendurchfahrten mit langgestreckten Messehäusern an der Ost- und Westseite verbunden war, bebaut werden sollte. Dieses »amerikanische Projekt« scheiterte jedoch am Veto der Stadtverwaltung unter Baudirektor Carl James Bühring.

Im Zuge der Umbenennungen der Nachkriegszeit erhielt der Platz am 1. August 1945 den Namen des sozialdemokratischen Politikers, Gewerkschaftsfunktionärs und 1928–1933 hessischen Innenministers Wilhelm Leuschner (1890–1944), der der Widerstandsgruppe des »Kreisauer Kreises« angehört hatte und 1944 in Berlin-Plötzensee hingerichtet worden war.

Bis in die Mitte des 20. Jahrhunderts mündete die Nonnenmühlgasse in den Westrand des Platzes. Die Nummerierung der Gebäude begann am Roßplatz mit der Hausnummer 1, führte durchgehend im Uhrzeigersinn um den gesamten Platz und endete an der Ecke zur Nonnenmühlgasse mit der Hausnummer 17. Die Bauten am Königsplatz sind zum größten Teil den Bombenangriffen des Zweiten Weltkriegs zum Opfer gefallen; heute ist der Platz gar nicht mehr als solcher erkennbar.

An der Ostseite befanden sich:

Nr. 1: Textilhaus Steigerwald & Kaiser, zuvor Gasthof »Grüner Baum«

Nr. 3: Goldener Engel

Nr. 4: Gasthof »Fortuna«, später Hotel Reichshof

Nr. 5: Weinhaus »Elite«

An der Südseite befanden sich:

Nr. 8: Bamberger Hof (zugleich Windmühlenstraße 2), zuvor Gasthof »Zur dürren Henne«

Nr. 9: Kaulfußsches Haus, später Kaufhaus Joske

Nr. 10–11: (Altes) Grassimuseum, dann Grassi-Textilmessehaus, heute Stadtbibliothek

Nr. 12, an der Ecke des Peterssteinwegs: Wohn- und Geschäftshaus

An der Westseite befanden sich:

Eckhaus an der Ecke von Peterssteinweg und Wächterstraße: Polizeiamt, heute Polizeidirektion Leipzig (Wächterstraße 1)

Nr. 13: Hotel Deutsches Haus (zugleich Wächterstraße 2)

Nr. 15: Gasthof »Zum blauen Roß«, später Warenhaus Ury Gebrüder

Nr. 16: Hotel Münchener Hof, zuvor Gasthof »Zum goldenen Hut«, dann Hotel »Bairischer Hof«, ab 1904 zum Warenhaus Ury Gebrüder

Nr. 17: Lehmanns Haus, zuvor »Zum goldenen Posthorn« (auch »Posthörnchen«)

Der Königsplatz, um 1935

Der Blick geht vom Turm des Neuen Rathauses nach Südosten zum Königsplatz. Seit den Zerstörungen des Zweiten Weltkrieges ist nichts mehr übrig geblieben von der einstmals dichten Bebauung. Nicht nur die Ostseite des Königsplatzes ist verloren, sondern auch die dahinter liegende, an ihrem riesigen Dach zu erkennende Markthalle mit ihrem signifikanten Uhrenturm. Und wo einst die schmale Windmühlenstraße verlief, befindet sich heute eine breite Auto- und Straßenbahntrasse. Im Hintergrund ist das Völkerschlachtdenkmal zu erkennen.

Das König-Friedrich-August-Denkmal um 1905

Den Mittelpunkt des Königsplatzes bildete das am 3. August 1780 eingeweihte Denkmal für den sächsischen Kurfürsten Friedrich August III. (den späteren König Friedrich August I.), das nach einem Entwurf von Adam Friedrich Oeser geschaffen wurde. Ursprünglich von Joseph Alexander Fürst von Jablonowsky in Auftrag gegeben, der es vor seinem Haus am Roßplatz aufstellen wollte, übernahm der Leipziger Rat nach Jablonowskys Tod 1777 die Fortsetzung und Vollendung des Denkmals, das den Kurfürsten in römischer Tracht darstellt. Das Denkmal befindet sich seit 1935 im Garten des Gohliser Schlösschens auf einem neuen, kleineren Sockel.

Die Ostseite des Königsplatzes, 1904

Auf der linken (östlichen) Seite des Königsplatzes befanden sich mehrere Geschäftshäuser. Das große Gebäude am linken Bildrand ist das Textilhaus Steigerwald & Kaiser (Königsplatz 1). 1885 von Wilhelm Steigerwald und Carl Kaiser gegründet, entwickelte sich das Unternehmen rasch zum »ersten Haus am Platze«. Bereits 1889 kaufte das junge Unternehmen am Königsplatz das an ein Palais erinnernde Patrizierhaus der Familie von Hauck und machte es zum Stammhaus der expandierenden Firma. Neben dem Textilhaus folgt mit der Nummer 3 das Gasthaus »Goldener Engel«. Das Haus wurde nach dem Besitzer Engelmann, einem Destillateur, von 1836 bis 1862 so genannt. Mit der Hausnummer 4 folgt der um 1710 von Wolfgang Jöcher erbaute Gasthof »Zur Fortuna«; das Haus trug diesen Namen bis 1862. Auf der Südseite des Platzes ist das alte Grassimuseum zu sehen.

Die Ausstellungshalle auf dem Königsplatz, 1921

1921 errichtete die Textilmeßhäuser GmbH mitten auf dem Königsplatz eine riesige Halle, die den gesamten Platz einnahm. Obwohl eigentlich nur als Provisorium errichtet (bis das 1922–1926 erbaute Ring-Messehaus am Tröndlinring die Textilausstellungen aufnehmen konnte), wurde die Halle mehr als zehn Jahre lang genutzt, bis sie 1932 wieder abgerissen wurde. Der Königsplatz wurde auf dem Ring (vor dem Haupteingang) und rechts auf dem Peterssteinweg von der Großen Leipziger Straßenbahn und links sowie hinter der Halle von der Leipziger Elektrischen Straßenbahn befahren.

Weinhaus »Elite«, um 1920

Im Weinhaus »Elite« (Königsplatz 5) befand sich der hier abgebildete Orientalische Teeraum als »Intime Bar«. Das Haus ist auf der Ansicht des Königsplatzes vom Turm des Neuen Rathauses (Seite 120 oben) rechts neben den drei kleinen Häusern gut zu erkennen, selbst der Schriftzug »Intime Bar« an der Fassade lässt sich erahnen.

Die Südseite des Königsplatzes, um 1905

An der Südseite des Königsplatzes erhebt sich links das 1895 gegründete Textilkaufhaus der Gebrüder Joske (Königsplatz 9), das in der Mitte eine Durchfahrt zur Kramerstraße besaß. Hier hatte sich zuvor das um 1780 erbaute, drei Stockwerk hohe und neun Fenster breite Kaulfußsche Haus samt Garten befunden. Links vom Kaufhaus Joske ist ein helles Gebäude zu sehen. 1700 wurde an dieser Stelle ein Gasthof erbaut, der 1722 den Namen »Zur dürren Henne« erhielt; 1853 entstand daraus das Gasthaus »Bamberger Hof« (Königsplatz 8 / Windmühlenstraße 2). Rechts neben dem Kaufhaus Joske befindet sich das alte Grassimuseum.

Königsplatz und Peterssteinweg, um 1910

Rechts neben dem alten Grassimuseum wurde der Königsplatz mit dem Geschäftshaus von Fahrrad-Klarner abgeschlossen (Königsplatz 12), in dem sich auch eine „Central Plissee Presserei" befand. Das Haus wurde im Zweiten Weltkrieg zerstört und erst in den 1990er Jahren durch einen Neubau ersetzt. Der Blick geht rechts in den Peterssteinweg hinein, dessen aus dem 19. Jahrhundert stammende Häuser zum Teil bis heute existieren. Der Zweiwagenzug gehört der Großen Leipziger Straßenbahn und ist als Linie M von Connewitz nach Möckern unterwegs.

Altes Grassimuseum und Warenhaus Ury Gebrüder, 1902

1880 vererbte der Kaufmann Franz Dominic Grassi der Stadt Leipzig sein Vermögen von mehr als 2 Millionen Mark. Mit diesem Geld entstand u. a. 1892–1895 nach Plänen von Hugo Licht an der Südseite des Königsplatzes ein repräsentativer Neorenaissancebau, der zunächst das Museum für Völkerkunde und das Museum für Kunsthandwerk beherbergte. Nach dem Umzug der Museen in das neue Grassimuseum am Johannisplatz wurde das Haus am Königsplatz mit dem südlich gelegenen Messehaus Härtelstraße 16 (1922–1924 erbaut) zum Grassi-Textilmessehaus vereinigt. Seit 1990 befindet sich hier die Leipziger Stadtbibliothek. Das rote Haus auf der rechten (westlichen) Seite des Königsplatzes ist das Warenhaus der Gebrüder Ury. Hier befand sich im 18. Jahrhundert der Gasthof »Zum blauen Roß«, der 1893 abgebrochen und 1894 durch einen Neubau ersetzt wurde, in den 1896 das Warenhaus Ury Gebrüder einzog.

Hotel Münchener Hof um 1900, Karte 1904

Das Hotel Münchener Hof (Königsplatz 16) an der Ecke von Königsplatz und Mühlgasse (seit 1907 Nonnenmühlgasse) geht zurück auf einen ehemaligen Gasthof, der seit 1815 »Goldener Hut«, seit 1842 »Bairischer Hof« und seit 1847 »Münchener Hof« genannt wurde. Das Haus wurde 1903 abgebrochen und 1904 durch einen Neubau ersetzt, in den 1914 das Warenhaus Ury Gebrüder einzog.

Polizeiamt, Amtsgericht und Deutsches Haus, um 1914

1877 entstanden an der Südwestecke des Königsplatzes zwischen Wächterstraße und Peterssteinweg das Polizeiamt (heute Polizeidirektion Leipzig, Dimitroffstraße 1) und dahinter das am Peterssteinweg liegende Königliche Amtsgericht (heute Landgericht, Harkortstraße 9). Rechts neben dem Gebäude an der Wächterstraße sehen wir das Hotel »Deutsches Haus« (Königsplatz 13), ursprünglich ein Gasthof, der diesen Namen 1826 erhielt. Auf der Karte ist der Neubau zu sehen, der 1913 nach Entwürfen des Architekten Emil Franz Hänsel errichtet wurde.

Lehmanns Haus, um 1920

Unter dem Turm des Neuen Rathauses ist das große Haus des Bankiers Julius Bernhard Lehmann (Königsplatz 17) zu sehen. Das an der Ecke zur Nonnenmühlgasse liegende Haus wurde ab 1836 nach seinem Besitzer »Lehmanns Haus« genannt. Zuvor hatte hier ein Haus gestanden, das 1713 vom kursächsischen Oberpostverwalter Johann Eschert erbaut worden war und den Namen »Zum goldenen Posthorn« (später auch »Posthörnchen«) trug. 1806 ging es in den Besitz des Zimmermeisters Laub über, dessen Erben es 1836 an Lehmann verkauften, der das Haus abreißen und einen Neubau im klassizistischen Stil errichten ließ. Ganz links ist der Erweiterungsbau des Warenhauses Ury Gebrüder (anstelle des Hotels Münchener Hof) zu sehen.

Wilhelm-Leuschner-Platz, 1968

Im Zweiten Weltkrieg wurden die Häuser des Königsplatzes mit Ausnahme des alten Grassimuseums an der Südseite vollständig zerstört. Die Ruinen wurden nach 1945 abgebrochen, so dass ein riesiger leerer Platz entstand, der über Jahrzehnte hinweg nur als Parkplatz genutzt wurde. Erst in jüngster Zeit gibt es wieder Überlegungen zur städtebaulichen Neugestaltung des Areals. Gegenwärtig wird unter dem Wilhelm-Leuschner-Platz ein Haltepunkt des City-Tunnels errichtet. Auf der Westseite, an der Nonnenmühlgasse, entsteht ab 2011 der Neubau der katholischen Probsteikirche St. Trinitatis. Ob auf der Ostseite wieder eine Markthalle errichtet wird und wo das geplante Freiheitsdenkmal zur Erinnerung an die Friedliche Revolution von 1989 seinen Platz finden soll, ist noch unklar.

Am Peterstor, um 1905

Annähernd die gleiche Position wie auf der vorigen Karte – wo einst das Peterstor stand, öffnet sich jetzt der Zugang zur Petersstraße. Links ist das Gebäude der Deutschen Bank (Rathausring 2) zu sehen, gefolgt vom Modehaus August Polich (Schloßgasse 1) zwischen Markgrafen- und Schloßgasse. Der dahinter zu erkennende Turm gehört zum Klinger-Haus an der Petersstraße. Ganz rechts ist das erste Haus der Schillerstraße (Reichsbank) zu sehen. Auf der Karte ist links ein Wagenzug der Großen Leipziger Straßenbahn vom Roßplatz zum Rathausring unterwegs. Am rechten Bildrand fährt ein Triebwagen der Leipziger Elektrischen Straßenbahn vom Königsplatz auf den Roßplatz, den er nach wenigen Metern wieder in Richtung Neumarkt verlassen wird, um in das Stadtzentrum einzufahren.

Die alte Peterskirche um 1880, Karte 1898

Auf dem Grundstück Petersstraße 43 Ecke Schillerstraße befand sich die 1507 errichtete (alte) Peterskirche. Der erst 1874 errichtete Glockenturm stand östlich des Schiffs. Mit der Einführung der Reformation in Leipzig wurde die religiöse Zweckbestimmung des Gebäudes 1539 aufgegeben. In der Folgezeit wurde der Bau als Kalkscheune genutzt. Während des Dreißigjährigen Krieges diente er als Kaserne. 1877 beschloss der Kirchenvorstand den Bau einer neuen Kirche auf dem für diese Zwecke in der Südvorstadt freigehaltenen Schletterplatz. Nach der Fertigstellung der (neuen) Peterskirche wurde am 2. Januar 1886 mit dem Abbruch der (alten) Peterskirche begonnen.

Einfahrt in die Schillerstraße, um 1902

Auf dieser Karte sehen wir links das Gebäude der Deutschen Bank (Rathausring 2), zwischen Markgrafenstraße und Schloßgasse das Modehaus August Polich (Schlossgasse 1), den Eingang in die Petersstraße und rechts davon das Gebäude der Reichsbank (Peterstraße 43 / Schillerstraße 1–2). Das Gebäude der Deutschen Reichsbank entstand 1886–1888 nach Plänen des Berliner Architekten Max Hasak auf dem Gelände der (alten) Peterskirche, die 1886 abgerissen wurde. Das kleinere Gebäude neben der Reichsbank in der Petersstraße ist das bekannte Kaffeespezialgeschäft Richter mit der bis heute erhaltenen Originalausstattung aus der Gründungszeit, das Max Richter am 11. Februar 1879 als Kolonialwarengeschäft eröffnete. Gegenüber errichtete August Polich 1866 ein Modehaus für Damen, das in seiner Glanzzeit über 1000 Angestellte beschäftigte.

Einfahrt in die Schillerstraße, 1960

Vom annähernd identischen Standpunkt aus bot sich 1960 ein deutlich verändertes Bild: An die Stelle des Modehauses August Polich, das in den 1920er Jahren längere Zeit leer stand und dann abgerissen wurde, trat das Textilkaufhaus Merkur (Markgrafenstraße 2), das 1937 nach Entwürfen von Karl Fezer im Stil der Neuen Sachlichkeit errichtet wurde. Von 1969 bis zu Beginn der 1990er Jahre hatte die Leipziger Handelshochschule hier ihren Sitz. Auf der gegenüberliegenden Seite, am Beginn der Petersstraße, ist Stentzlers Hof (Petersstraße 39–41) zu sehen, 1914–1916 nach Entwürfen des Leipziger Architekten Leopold Stentzler als Messepalast errichtet. Sein Steildach mit dem Schaugiebel erinnert an die Traditionen der Leipziger Renaissancearchitektur.

Schillerstraße, 1898

Der Blick durch den vorderen Teil der Schillerstraße Richtung Westen zeigt den Abriss der Pleißenburg, von der nur noch der Turm steht. Daher kann man ausnahmsweise am Modehaus Polich vorbei bis zur Katholischen Kirche an der Weststraße sehen. Das rechte Gebäude am Anfang der Schillerstraße ist die 1886–1888 von Max Hasak errichtete Hauptstelle der Reichsbank in Leipzig (Schillerstraße 1–2). Zu DDR-Zeiten als Bezirksdirektion Leipzig der Staatsbank der DDR genutzt, hat heute hier die Musikschule ihren Sitz. Das Gebäude daneben an der Ecke zum Neumarkt ist die 1861–1862 nach Plänen von Ernst Zocher errichtete Leipziger Hypothekenbank, die heute als Beratungszentrum der Volksbank Leipzig dient. Im Erdgeschoss (der Sonnenschutz ist aufgeklappt) befindet sich ein Restaurant, das heute den Namen »Schiller« trägt und nicht zuletzt durch eine derzeit laufende Fernsehserie als »Charlotto« bekannt geworden ist.

Schillerstraße, 1902

Das neu errichtete Gebäude der Deutschen Bank (Rathausring 2) verdeckt nun die Sicht auf den Turm der alten Pleißenburg, an dessen Stelle sich wenig später der Turm des Neuen Rathauses erheben wird. Hinter der Straßenbahn sehen wir rechts neben dem Haus der Deutschen Bank das Modehaus Polich sowie links das Reichsbankgebäude. Ein Triebwagen vom Typ 13 auf der Linie G ist unterwegs von Connewitz nach Gohlis. 84 dieser Triebwagen wurden von 1899 bis 1907 in den Centralwerkstätten der Großen Leipziger Straßenbahn in Lindenau gefertigt und waren bis 1935 im Einsatz.

Vorderer Teil der Schillerstraße, um 1910

Über die Grünanlagen an der Schillerstraße, inoffiziell auch als Schillerpark (nach dem Schiller-Denkmal) bezeichnet, geht der Blick zu den ersten Häusern der Schillerstraße, dem Gebäude der Reichsbank (Schillerstraße 1–2) und dem Haus der Leipziger Hypothekenbank (Schillerstraße 3) an der Ecke zum Neumarkt. Quer durch die Grünanlagen verlaufen die Gleise der Leipziger Elektrischen Straßenbahn vom Neumarkt zum Roßplatz; hier verkehrten die Linien 1, 2, 3, 8 und 10 bzw. später die Linie 21. Links ist das Modehaus Polich mit seinem charakteristischen Turm zu sehen, auf dem Merkur, der Gott des Handels, thront.

Schillerstraße Ecke Universitätsstraße, 1905

An der Ecke von Schillerstraße und Neumarkt sieht man links das Haus der Leipziger Hypothekenbank (Schillerstraße 3) und rechts Limburgers Haus (Schillerstraße 4), das 1859–1862 von Ernst Zocher für das Bankhaus Beckmann & Limburger errichtet und später von der Stadt- und Girobank genutzt wurde. In den Promenadenanlagen hinter der Moritzbastei, auf dem so genannten Musenhügel (im Volksmund spöttisch »Promenadenwarze«) befindet sich das Denkmal für den Leipziger Ersten Bürgermeister Otto Koch (1810–1876), das 1898 von Carl Seffner geschaffen wurde. In Kochs Amtszeit (1849–1876) fielen u. a. die Errichtung des Neuen Theaters und des Museums am Augustusplatz sowie der Bau der Schillerstraße mit der Promenadenanlage samt Musenhügel. Das Original wurde 1996 durch eine Kopie von Christian Walter ersetzt.

Mittlerer Teil der Schillerstraße, um 1900

Die etwa an der Ecke der Universitätsstraße entstandene Aufnahme zeigt den mittleren Teil der Schillerstraße. Ganz im Hintergrund sind noch einmal die Türme der Pleißenburg und des Modehauses Polich, davor die Gebäude der Reichsbank und der Leipziger Hypothekenbank zu erkennen. Es folgen an der rechten Seite des Neumarkts Limburgers Haus (Schillerstraße 4), errichtet 1859–1862 von Ernst Zocher für das Bankhaus Beckmann & Limburger, das später von der Stadt- und Girobank genutzt wurde; sodann Forbrichs Haus (Schillerstraße 5), 1863 von Gustav Müller erbaut, in dem sich heute die Musikalienhandlung M. Oelsner befindet; und schließlich Oldenburgs Haus (Schillerstraße 5), das ebenfalls 1863 von Äckerlein erbaut und kurze Zeit später von der Universität erworben wurde, die hier das Ägyptische Museum einrichtete.

Gellert-Denkmal, um 1910

In den Grünanlagen zwischen Roßplatz und Schillerstraße fanden mehrere Denkmäler Aufstellung, darunter 1909 das Denkmal für den Dichter Christian Fürchtegott Gellert (1715–1769), das 1909 aus den Mitteln der »Stiftung für die Stadt Leipzig« errichtet wurde. Es bildet eine Kopie des im Auftrag von Gellerts Verleger, Johann Wendler, 1774 entstandenen Denkmals, das Friedrich Samuel Schlegel nach einem Entwurf von Adam Friedrich Oeser geschaffen hatte. Im Hintergrund sind das Neue Rathaus und davor ein Stück der Fassade der Deutschen Bank zu sehen.

Der Pavillon hinter der Moritzbastei, 1930

In den Grünanlagen hinter der Moritzbastei und dem Museum der bildenden Künste entstand 1925 ein rundum verglaster Pavillon, der von einer Konditorei betrieben wurde und vor allem im Sommer auf seiner Terrasse zahllose Gäste anlockte. Wie die ihn umgebenden Gebäude wurde er 1943/44 zerstört und nicht wieder errichtet.

Schillerstraße Ecke Universitätsstraße, 1963

Während die Häuser der Schillerstraße den Weltkrieg relativ gut überstanden, wurde das Eckhaus an der Universitätsstraße beim Bombenangriff vom 27. Februar 1945 zerstört. 1959–1960 wurde an seiner Stelle nach Plänen der Architekten Berthold Schneider, Gottfried Kunze und Herbert Eilenburg ein Wohnhochhaus mit 100 Kleinwohnungen errichtet, in dessen beiden unteren Etagen das »Haus der Beleuchtung«, ein Fachgeschäft der HO für Lampen, einzog. Seit 2011 hat hier die Leipziger Universitätsbuchhandlung ihren Sitz.

Peterszwinger und Moritzbastei um 1790, Karte 1898

Von der Moritzbastei (rechts im Bild) geht der Blick entlang des Peterszwingers zum Turm der Pleißenburg. In der Bildmitte ist das Peterstor mit der aus der Stadt herausführenden Brücke über den bereits trockengelegten Stadtgraben zu sehen. Während die achteckige Landeskrone bereits abgetragen wurde, ist noch der andere Turm der südlichen Stadtbefestigung zu sehen, der viereckige Henkers- oder Hohe Turm, der 1520 und erneut 1552 erbaut wurde. Hinter dem Turm ist ein Haus mit hohem Dach zu sehen – das sechs Stockwerke hohe Stadtmagazin (oder Kornhaus), 1523–1529 erbaut, das als Getreidespeicher sowie im Erdgeschoss zur Lagerung von Baumaterialien und Kohlen genutzt wurde. Das Haus wurde 1859 (gemeinsam mit der daneben befindlichen, unscheinbaren Peterskirche) abgebrochen und durch die Rückseite von Limburgers Haus (Schillerstraße 4) ersetzt.

Moritzdamm um 1850, Karte um 1910

Der Blick geht von einem der Klassenzimmer der Ersten Bürgerschule auf der Moritzbastei durch den trockengelegten und mit Gärten bepflanzten ehemaligen Stadtgraben entlang der Stadtmauer bis hin zur Pleißenburg. Man bekommt eine Ahnung von der Größe und Tiefe der um 1550 angelegten bzw. erneuerten Gräben und Mauern, die dem Schutz der Stadt dienen sollten, aber schon im 30jährigen Krieg ihre militärische Untauglichkeit erwiesen. Rechts sind das Kornhaus und dahinter die (alte) Peterskirche zu erkennen.

Die Erste Bürgerschule auf der Moritzbastei 1804, Karte 1898

Die Moritzbastei wurde 1551–1554 von Hieronymus Lotter als Bastion zum Schutz der Südost-Ecke der Stadt errichtet und nach dem Kurfürsten Moritz von Sachsen benannt. Nachdem sie bereits im Dreißigjährigen Krieg erstmals erstürmt wurde, verlor sie ihre militärische Funktion und diente fortan als Lagerstätte für Handelswaren. Auch viele Handwerker, wie Glockengießer, Schwefelzieher und Buchdrucker, nutzten die Räume. 1796–1804 entstand auf den Grundmauern der Moritzbastei nach den Plänen von Johann Carl Friedrich Dauthe die Erste Bürgerschule. Die ungewöhnliche Form der Schule, eine offene Fünfeckform, richtete sich nach dem Grundriss der alten Festung. Im Hintergrund ist der Turm der Paulinerkirche am Augustusplatz zu sehen, davor das Grimmaische Tor.

Städtische Schule für Frauenberufe, 1906

Das Gebäude der Ersten Bürgerschule auf der Moritzbastei diente nicht nur zu Schulzwecken. 1831 tagte hier das erste Stadtverordnetenkollegium, und ab 1848 wurde der Westflügel für die Ausstellungen des Museums der bildenden Künste genutzt, bis es 1856 seinen eigenen Bau am Augustusplatz beziehen konnte. 1899 zog dann auch die Bürgerschule in einen größeren Neubau am Täubchenweg um, während auf der Moritzbastei die 730 Schülerinnen der Städtischen (ab 1920: Höheren) Schule für Frauenberufe ihr Domizil fanden. 1931 wurde die Schule in Annenschule umbenannt. 1937 zog die letzte Abteilung der Annenschule aus dem zu klein gewordenen Haus aus.

Schillerstraße und Augustusplatz, 1965

Im Zweiten Weltkrieg wurde die Erste Bürgerschule auf der Moritzbastei schwer zerstört und anschließend abgetragen, wobei der Bauschutt in die Gewölbe gefüllt wurde. 1973 entdeckten Studenten diese Reste der Moritzbastei und begannen mit der Freilegung. Zur Beseitigung der 40 000 Kubikmeter Schutt waren 150 000 Arbeitsstunden erforderlich. 1974–1982 wurden die alten Kellergewölbe zum größten europäischen Jugend- und Studentenklub ausgebaut. Die Ansicht von 1965 zeigt die riesige Freifläche, die nach dem Abriss von Bürgerschule und Museum der bildenden Künste entstanden war. Im Hintergrund sind das neue Postgebäude noch ohne Fenster sowie das Geschäftshaus der VVB Chemieanlagenbau ebenfalls noch im Rohbau zu sehen. Auf der Schillerstraße fährt ein Wagenzug als Linie 10 nach Connewitz.

Augustusplatz, Roßplatz und Schillerstraße, um 1925

Oberhalb des Museums der bildenden Künste befindet sich die Höhere Schule für Frauenberufe auf der Moritzbastei. Ihr gegenüber sind die letzten Häuser der Schillerstraße zu erkennen, das Fridericianum (Schillerstraße 7) und das Universitäts-Rentamt (Schillerstraße 8). Das Fridericianum wurde 1842–1843 von Albert Geutebrück für das Chemische Institut der Universität errichtet. Bereits 1838–1840 hatte der Maurermeister Heinrich Gottlob Purfürst für den Arzt Gotthelf Wilhelm Schwarze ein Wohnhaus im spätklassizistischen Stil errichtet, das später von der Universität erworben und als Rentamt genutzt wurde. Beide Gebäude fielen den Bomben des Zweiten Weltkriegs zum Opfer. Heute befinden sich hier die Freifläche vor dem Neubau der Mensa und das City-Hochhaus.

12
ROSSPLATZ

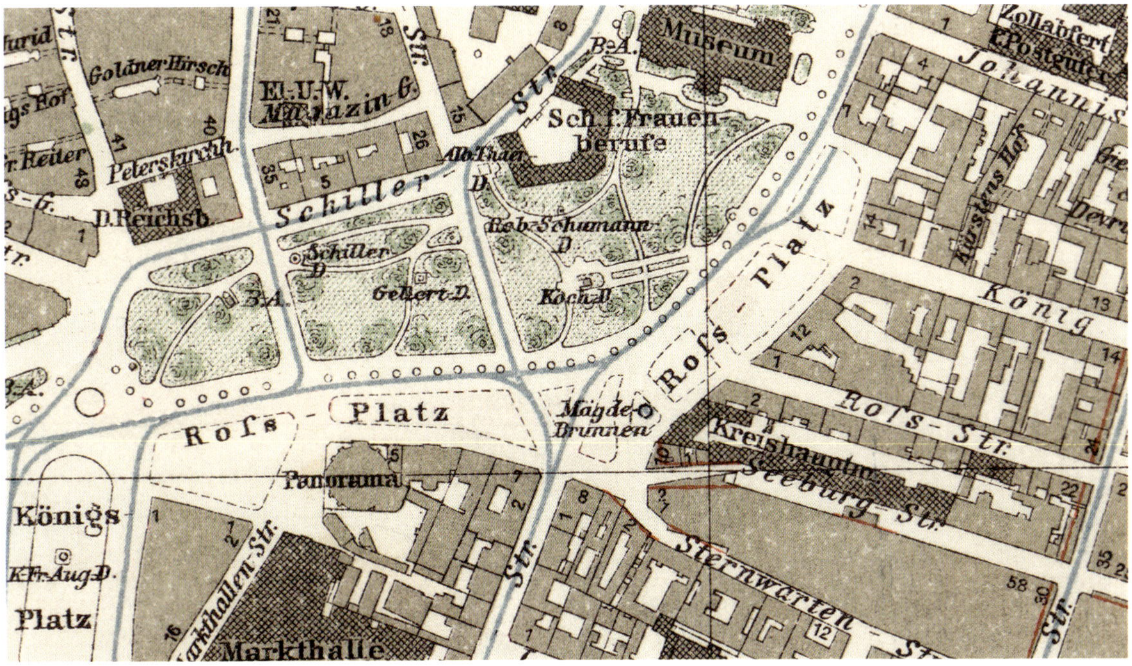

Zwischen dem Peterstor und der Moritzbastei und weiter bis zum Beginn des Paulinercollegiums befand sich eine überwiegend sandige, unbebaute Fläche, die ab 1625 zweimal im Jahr für das Abhalten des Roßmarktes genutzt wurde. Auf der südlichen und östlichen Seite befanden sich große Vorwerke und Gasthöfe sowie bedeutende Barockgärten wie der so genannte Großbosische Garten (etwa auf dem Gebiet des heutigen Europahauses). Eine geschlossene Bebauung entstand erst im Laufe des 19. Jahrhunderts. Nach den schweren Kriegszerstörungen ist die Südseite des Roßplatzes unbebaut geblieben (abgesehen vom Bowlingtreff in der Nähe des ehemaligen »Panorama«-Gebäudes), so dass er konturenlos in den ebenso leeren Wilhelm-Leuschner-Platz übergeht. Die Ostseite des Roßplatzes zwischen Grünewaldstraße und Karl-Marx-Platz wurde 1953–1955 durch die so genannte Ringbebauung, die die neuen Hausnummern 1 bis 13 erhielt, wieder geschlossen; seitdem enden die Sternwarten-, Seeburg- und Roßstraße als Sackgassen hinter dem Gebäudekomplex.

Auf der Südseite des Roßplatzes begann die Zählung, abweichend vom heutigen Zustand, im Westen: Nr. 1 befand sich zwischen Königsplatz und Markthallenstraße, die Häuser 2 bis 7 zwischen Markthallenstraße und Kurprinzstraße (seit 1950 Grünewaldstraße) und die Häuser 8 bis 11 zwischen Kurprinzstraße und Roßstraße.

Eckhaus zum Königsplatz: Grüner Baum, später Steigerwald & Kaiser (Königsplatz 1)
Nr. 1, an der Ecke der Markthallenstraße: Wohn- und Geschäftshaus
Nr. 2: Hotel Darmstädter Hof, ab 1888 Städtische Markthalle (zugleich Markthallenstraße 1)
Nr. 3: Kolonialwarenhandlung Gebr. Kiessel
Nr. 4: Panorama, zuvor Ratszimmerhof, dann Grunersches Haus
Nr. 5: Gesellschaftshaus »Harmonie«
Nr. 6: Café Bauer, später Zweiganstalt Leipzig der Girozentrale des Sächsischen Gemeindeverbandes
Nr. 7, Eckhaus an der Kurprinzstraße: Goldener Helm, dann Hôtel de Prusse / Hotel Preußischer Hof (zugleich Kurprinzstraße 2)
Nr. 8: Zum Kurprinz, später Geschäftshauses Otto Pecht (zugleich Kurprinzstraße 1)
Nr. 9: Wohn- und Geschäftshaus (Pension Voss)
Nr. 10, Eckhaus an der Seeburgstraße: Hotel »Wartburg«
Nr. 11: Kreishauptmannschaft mit Kreissteueramt, zuvor Vorwerk »Zum weißen Roß«, dann Posthalterei
Eckhaus an der Südseite der Roßstraße: Hotel Hauffe (Roßstraße 2–4)
Eckhaus an der Nordseite der Roßstraße: Hotel Hentschel (Roßstraße 1–3), zuvor Vorwerk »Zum schwarzen Roß«
Nr. 12: Tuchhaus Paul Knaur
Eckhaus an der Südseite der Königstraße (Königstraße 2)
Nr. 14, Eckhaus an der Nordseite der Königstraße: Hospiz, Evangelisches Vereinshaus
Nr. 15: Vegetarisches Speisehaus

Erdgeschoss des »Panorama«, um 1910

Neben den Rundgemälden lockten ein Restaurant, eine Konditorei und ein Café die Besucher ins »Panorama«. Zudem fanden im »Panorama«-Garten während des Sommers täglich Abendkonzerte mit Militärkapellen statt.

Roßplatz Ecke Kurprinzstraße, um 1910

Die Häuserzeile nach dem »Panorama« beginnt mit dem Gesellschaftshaus des Vereins »Harmonie« (Roßplatz 5), 1885 von Arwed Roßbach im Stil der Neorenaissance errichtet, das von 1900 bis 1942 ein beliebter Treffpunkt für gesellige Veranstaltungen der Handelshochschule war. Die »Harmonie« war 1776 von Leipziger Kaufleuten und Gelehrten gegründet worden mit dem Ziel, Bedürftige zu unterstützen. Es folgt das Café Bauer (Roßplatz 6) und an der Ecke zur Kurprinzstraße das Hotel »Preußischer Hof« (Roßplatz 7). Links im Bild ist ein Zweiwagenzug der Großen Leipziger Straßenbahn als Linie E in die Kurprinzstraße eingefahren.

Café Bauer, um 1908

Das Café Bauer (Roßplatz 6) galt um 1900 als das prächtigste Café Leipzigs. Das Gebäude entstand in den Jahren 1889–1890 nach Entwürfen der Architekten Ludwig und Hülßner. Im rückwärtigen Teil erhielt das 85 Meter tief gestaffelte Grundstück eine Reitbahn. 1922 übernahm die Zweiganstalt Leipzig der Girozentrale des Sächsischen Gemeindeverbandes das Haus.

Restaurant im Parterre des Café Bauer, um 1908

Das Café Bauer lud auf mehreren, üppig ausgestatteten Etagen seine Gäste zum Verweilen ein. Hier blicken wir in die »Parterrelokalitäten«. Das Haus wurde 1908 von Emil Hofmann geführt. Ende der 1930er Jahre in »Kaffee Astra« umbenannt, wurde das Haus im Dezember 1943 zerstört.

Hôtel de Prusse um 1880, Karte 1898

1717 erbaute Bürgermeister Dr. Quirin Hartmann Schacher ein vornehmes Wohnhaus am Roßplatz (später Roßplatz 7 / Kurprinzstraße 2). Nach seinem Tod übernahm 1719 Johann Martin Hemm, der Wirt des »Großen Joachimstal« in der Hainstraße, das Grundstück und eröffnete das Gasthaus »Goldener Helm«. Es war um 1800 einer der teuersten Gasthöfe Leipzigs. Ab 1805 wurde es »Hôtel de Prusse« genannt. Hier übernachteten viele namhafte Persönlichkeiten, darunter Kaiser Napoleon in der Nacht vom 18. zum 19. Oktober 1813. 1882 wurde der Barockbau abgerissen und bis 1883 durch einen Neubau ersetzt, der nach einer Renovierung 1905 in Hotel »Preußischer Hof« umbenannt wurde. Links ist der »Kurprinz« zu sehen, dazwischen das kaum drei Meter breite Schrötergäßchen (seit 1880 Kurprinzstraße, seit 1950 Grünewaldstraße).

»Zum Kurprinz« 1879, Karte 1898

Das Haus »Zum Kurprinz« (Roßplatz 8 / Kurprinzstraße 1) gehörte zu einem großen Vorwerk mit Höfen und Gärten. Erbaut 1709 für den Rosshändler Johann Schröter als Gasthof, erhielt es seinen Namen zu Ehren des sächsischen Kurprinzen Friedrich August, Sohn Augusts des Starken; über dem Tor wurde eine vergoldete steinerne Reiterfigur des jungen Kurprinzen angebracht. 1758 wurde der Gasthof zum herrschaftlichen Wohnhaus im Rokokostil umgestaltet. 1773 kaufte der polnische Fürst Joseph Alexander von Jablonowsky das Grundstück, 1799 ging es auf die Familie Leplay über. 1879 wurde das Haus abgebrochen, um dem Neubau des Geschäftshauses von Otto Pecht Platz zu schaffen.

Blick vom Roßplatz in die Kurprinzstraße, 1928

An der Stelle der Kurprinzstraße befand sich ursprünglich das kaum drei Meter breite Schrötergäßchen. Im Zuge der Neubebauung in der Gründerzeit entstanden nicht nur das Hotel »Preußischer Hof« (rechts) (Roßplatz 7) und das Geschäftshaus Otto Pechts (links), sondern viele weitere Wohn- und Geschäftshäuser einer von mehreren Straßenbahnlinien durchquerten, lebendigen Geschäftsstraße. Im Hintergrund ist der Turm der (neuen) Peterskirche am Schletterplatz zu sehen. 1950 wurde die nahezu komplett zerstörte Kurprinzstraße in Grünewaldstraße umbenannt, deren rechte Seite nicht wieder bebaut wurde.

Mägdebrunnen am Roßplatz, um 1910

Der Mägdebrunnen entstand 1906 an der Stelle des alten Brunnens am Roßplatz. Die Bauausführung übernahmen der Bildhauer Werner Stein, der Baumeister Enke, der Steinmetzmeister Laux und der Bauklempner Wermann. Die lebensgroße Figur der Wasserträgerin verkörpert das von Goethe in der kleinen Szene »Am Brunnen« seines »Faust« gezeichnete Mädchen in anmutiger Weise. Im Hintergrund sind das Hotel »Preußischer Hof« am Eingang zur Kurprinzstraße, rechts daneben das Café Bauer zu sehen.

Mägdebrunnen am Eingang zur Sternwartenstraße, um 1905

Aus einem um 90 Grad versetzten Blickwinkel bietet sich dem Betrachter die andere Seite des kleinen Platzes im Winkel von Roßplatz und Sternwartenstraße dar. Rechts ist der »Kurprinz« an der Seite der Sternwartenstraße zu sehen, gefolgt von der Pension Voss (Roßplatz 9). Direkt hinter dem Brunnen befindet sich das 1842 errichtete Gast- und Logierhaus »Dessauer Hof« (Sternwartenstraße 2). Links ist das Hotel »Wartburg« (Roßplatz 10) zu sehen; seit 1887 beherbergte das Haus das Restaurant »Walhalla«, das 1891 in das Hotel »Wartburg« umgewandelt wurde.

Kreishauptmannschaft, Hotel Hauffe und Hotel Hentschel, 1910

Bei einer erneuten Drehung geht der Blick in Richtung Norden. Neben dem Hotel »Wartburg« (rechts außerhalb des Bildes) sehen wir hier rechts vom Mägdebrunnen das Gebäude der Kreishauptmannschaft mit dem Kreissteueramt (Roßplatz 11). An dieser Stelle befand sich seit Anfang des 18. Jahrhunderts das Vorwerk »Zum weißen Roß«. 1810 erwarb der sächsische Staat das Grundstück und benutzte es als Posthalterei, bis 1877 die Kgl. Sächsische Kreishauptmannschaft einzog. An der Ecke von Roßplatz und Roßstraße folgen das 1869 errichtete Hotel Hauffe (Roßstraße 2–4) und gegenüber an der Nordseite das 1865 erbaute Hotel Hentschel (Roßstraße 1–3), das 1926 den Namen des seit dem frühen 18. Jahrhundert hier befindlichen Vorwerks »Zum schwarzen Roß« annahm. Im weiteren Verlauf folgen das große Geschäftshaus Knaur (Roßplatz 12) sowie ein Wohnhaus an der Ecke zur Königstraße 2.

Hotel Hauffe, um 1930

An der rechten (südlichen) Ecke von Roßplatz und Roßstraße befand sich das Hotel Hauffe (Roßstraße 2–4), das 1869 errichtet wurde und bald zu den nobelsten Adressen der Stadt zählte. Zu seinen Gästen gehörte in den 1930er Jahren auch Adolf Hitler, der sich hier bei seinen regelmäßigen Besuchen in Leipzig von seiner Gefolgschaft, aber auch von Tausenden begeisterten Leipzigern feiern ließ. Das Hotel wurde 1938 im Zuge der »Arisierung« geschlossen und anschließend vom Sächsischen Staat angekauft, der es als Verwaltungsgebäude der benachbarten Kreishauptmannschaft nutzte.

Tuchhaus Paul Knaur, um 1912

Wir sehen auf die Gebäude des nördlichen Roßplatzes zwischen Königstraße (seit 1947 Goldschmidtstraße) und Sternwartenstraße. Am rechten Bildrand steht das Gebäude der Kreishauptmannschaft (Roßplatz 11). Die 1838 gegründete Kreishauptmannschaft I für Leipzig war hinsichtlich ihrer Funktion und Größe mit einem heutigen Regierungsbezirk vergleichbar. Es folgen an der Roßstraße das Hotel Hauffe (Roßstraße 2–4) und das Hotel Hentschel (Roßstraße 1–3). In der Bildmitte erhebt sich der Monumentalbau des 1880 gegründeten Tuchhauses Paul Knaur (Roßplatz 12), das laut Eigenwerbung 1913 das »größte Spezialgeschäft Deutschlands in Tuchen und Buckskins« war und über Filialen in Frankfurt am Main, Hamburg, Berlin, Essen und Amsterdam verfügte. Ein Triebwagen der Großen Leipziger Straßenbahn steht im Dienst der Leipziger Außenbahn AG an der Endstelle und wird als »Sternlinie« nach Markkleeberg fahren.

Roßplatz, um 1930

Die Ansicht zeigt den nördlichen Abschnitt des Roßplatzes zu Beginn der 1930er Jahre. Rechts unten steht der Mägdebrunnen vor der Kreishauptmannschaft. Hinter dem Tuchhaus Knaur (Roßplatz 12) stehen links und rechts der Königstraße (seit 1947 Goldschmidtstraße) mehrere kleinere Häuser aus der Mitte des 19. Jahrhunderts, darunter das Hospiz mit dem Evangelischen Vereinshaus (Roßplatz 14) sowie links daneben ein Wohngebäude mit vegetarischem Restaurant (Roßplatz 15). Seinen Abschluss findet der Roßplatz mit dem 1929 errichteten Europahaus (Augustusplatz 7).

Ringbebauung am Roßplatz, 1963

Im Zweiten Weltkrieg wurden die Gebäude am Roßplatz komplett zerstört und nicht wieder aufgebaut. Nur im nördlichen Abschnitt zwischen Grünewaldstraße (Kurprinzstraße) und Karl-Marx-Platz (Augustusplatz) wurde 1953–1955 die so genannte Ringbebauung errichtet, die die neuen Hausnummern 1–13 erhielt; die Sternwarten-, Seeburg- und Roßstraße enden seitdem als Sackgassen hinter dem Gebäudekomplex. Die Neubauten entstanden im Rahmen des »Nationalen Aufbauprogramms« nach Plänen eines Architektenkollektivs unter der Leitung von Rudolf Rohrer. Der Gebäudekomplex beherbergt 197 Wohnungen sowie Geschäfte und das Ring-Café. Der erhalten gebliebene Mägdebrunnen wurde versetzt und befindet sich heute an der Nordostecke neben dem Europahaus.

ANHANG

BENUTZTE LITERATUR (AUSWAHL)

1872–1972. Hundert Jahre Straßenbahn in Leipzig, LVB, Leipzig 1972

Adam, Klaus u. a.: Vom Zweispänner zur Stadtbahn. Die Geschichte der Leipziger Verkehrsbetriebe und ihrer Vorgänger. Leipzig 1996

AG »Historische Nahverkehrsmittel Leipzig« e.V.: Die Leipziger Straßenbahn 1952–1965. Erfurt 2008

Arndt, Helmut u. a.: Leipzig in acht Jahrhunderten. Leipzig 1965

Bauer, Gerhardt: Straßenbahnarchiv 3. Raum Leipzig, Plauen, Karl-Marx-Stadt. Berlin 1984

Bennemann, Paul: Geschichtliche Wanderungen durch die Reichsmessestadt Leipzig. Leipzig 1940

Borchert, Fritz: Die Leipzig-Dresdner Eisenbahn. Berlin 1989

Brogiato, Heinz Peter: Leipzig um 1900. 1.–2. Band. Leipzig 2009

Cottin, Markus u. a.: Leipziger Denkmale. Beucha 1998

Eckardt, G.: Schicksale deutscher Baudenkmale im Zweiten Weltkrieg, 1.–2. Band. Berlin 1978

Eschner, Max: Leipzigs Denkmäler, Denksteine und Gedenktafeln. Leipzig 1910

Füßler, Heinz: Leipziger Universitätsbauten. Leipzig 1961

Gretzschel, Matthias; Mai, Hartmuth: Kirchen in Leipzig. Beucha 1993

Guth, Peter; Sikora, Bernd: Jugendstil und Werkkunst. Architektur um 1900 in Leipzig. Leipzig 2005

Hartung, Birgit: Albert Geutebrück. Baumeister des Klassizismus in Leipzig. Leipzig 2003

Heinker, Helge-Heinz: Leipzig Hauptbahnhof. Eine Zeitreise. Leipzig 2005

Heise, Ulla: Zu Gast im alten Leipzig. München 1996

Hocquél, Wolfgang: Leipzig. Architektur von der Romanik bis zur Gegenwart. 2. erw. Aufl. Leipzig 2004

Höstel, Jürgen: Straßenbahnen zwischen Rostock und Görlitz. Städte und Bahnen im Wandel. Stuttgart 1997

Kaufmann, Christoph: Mit Volldampf durch die Stadt. Die Leipziger Trümmerbahnen. Leipzig 2006

Kaufmann, Christoph; Schröter, Wolfgang G.: Der gläserne Schatz. Leipzig Fotografien aus dem Atelier Hermann Walter. Altenburg 2005

Klank, Gina; Griebsch, Gernot: Lexikon Leipziger Straßennamen. Leipzig 1995

Kunz, Peter; Morgner, Susann: Die Moritzbastei in Leipzig. Leipzig 2003

Mundus, Doris: Leipzig an einem Tag. Ein Stadtrundgang. Leipzig 2008

Leipzig. Ein Blick in das Wesen und Werden einer deutschen Stadt. Leipzig 1913

Lehmstedt, Mark: Leipzig in Trümmern. Das Jahr 1945 in Briefen, Tagebüchern und Fotografien. Leipzig 2004

Lichtenberger, Gertraude: Promenaden bey Leipzig. Leipzig 1990

Müller, Ernst: Die Häusernamen von Alt Leipzig. Leipzig 1931

Nahverkehr in Leipzig, Straßenbahn Special Nr. 9. München 2001

Riedel, Horst: Stadtlexikon Leipzig von A bis Z. Leipzig 2005

Rudloff-Hille, Gertrud: Das Theater auf der Ranstädter Bastei. Leipzig 1969

Scheewe, Ludwig: Leipziger Häuserchronik. Leipzig um 1950 (unveröffentlichtes Manuskript)

Schulz, Joachim u. a.: Architekturführer DDR, Bezirk Leipzig. Berlin 1975

Schulze, Friedrich: Alt-Leipzig. Ein Führer zu den baugeschichtlichen Resten der Stadt. Leipzig 1927

Sievers, Hans-Jürgen: In der Mitte der Stadt. Leipzig 2000

Volk, W.: Leipzig. Historische Straßen und Plätze heute. Berlin 1977

Weidinger, Carl: Leipzig. Ein Führer durch die Stadt und ihre Umgebung. Leipzig 1860

Woerl's Reisehandbücher. Illustrierter Führer durch Leipzig. Leipzig o. J.

Wustmann, Gustav: Leipzig und die Leipziger Immobiliengesellschaft. Leipzig 1903

Weiterhin wurden zur Vorbereitung dieses Buches viele Zeitungsartikel genutzt, u. a. aus den Mitteldeutschen Neuesten Nachrichten, der Leipziger Volkszeitung und dem Sächsischen Tageblatt, sowie die Leipziger Adressbücher und Leipziger Jahrbücher (Kalender).